**VERTIGENS DO EU**

autoria, alteridade e autobiografia na obra de
Fernando Pessoa

# VERTIGENS DO EU

autoria, alteridade e autobiografia na obra de Fernando Pessoa

Lisa Carvalho Vasconcellos

Relicário

© Relicário Edições
© Lisa Carvalho Vasconcellos

CIP –Brasil Catalogação-na-Fonte | Sindicato Nacional dos Editores de Livro, RJ

V45v

Vasconcellos, Lisa.

Vertigens do eu : autoria, alteridade e autobiografia na obra de Fernando Pessoa / Lisa Carvalho Vasconcellos. - 1. ed. - Belo Horizonte, MG : Relicário, 2013.

160 p. : il.
Inclui bibliografia
ISBN 978-85-66786-02-6

1. Pessoa, Fernando, 1888-1935 - Crítica e interpretação. 2. Literatura - História e crítica. I. Título.

13-02665                          CDD: 869.8
                                  CDU: 821.134.3-94

PRODUÇÃO EDITORIAL Maíra Nassif Passos
CAPA, PROJETO GRÁFICO & DIAGRAMAÇÃO Ana C. Bahia
REVISÃO Lucas Morais

RELICÁRIO EDIÇÕES
www.relicarioedicoes.com
contato@relicarioedicoes.com

Prefácio 11

Cena inicial 17

1 Pessoa/Pessoas 23
   1.1 Quando fui outro 23
   1.2 Mitologias 32
   1.2.1 Autor/Autores 41

2 O eu como ficção 47
   2.1 'Mal de arquivo': O acervo Pessoa 47
   2.2 Cartas e depoimentos 51
   2.3 Vertigens do eu 65
   2.4 Eu, personagem 72

3 Três máscaras 79
   3.1 Olhei para as cousas e mais nada 82
   3.2 Sentir tudo de todas as maneiras 92
   3.3 Quero versos que sejam como joias 101

4 Um, nenhum, cem mil 111
   4.1 Vertigens do eu (II) 113
   4.2 Pobre velha música 119
   4.3 Sozinho no parque 130
   4.4 O que é um autor? 142

O legado Pessoa 147

Bibliografia 153

Para Gustavo Silveira Ribeiro e Fausto Bueno Vasconcellos

# AGRADECIMENTOS

O presente livro é resultado da minha tese de Doutorado defendida em junho de 2011. Durante os quase cinco anos do processo que levou a redação do texto que agora aqui se publica, recebi apoio e ajuda de inúmeras pessoas. Seria impossível listá-las todas aqui, de modo que vou mencionar apenas algumas em especial.

Agradeço, portanto, a Fábio de Souza Andrade, Marcus Vinícius de Freitas e Fernando Cabral Martins pelas orientações, pelos conselhos e pela amizade. Agradeço à minha família, Daniela, Patrícia e Nilma de Carvalho Vasconcellos pelo carinho e pelo apoio irrestrito. Dentre os amigos é preciso mencionar Carolina Perpétuo Correia, Victor Coelho, Daniela e Antônio Viola que estiveram sempre disponíveis para conversas e discussões estimulantes que muito me ajudaram.

Agradeço também ao CNPq, Conselho Nacional de Pesquisa e a CAPES, Coordenação de Aperfeiçoamento de Pessoal de Nível Superior, pelas bolsas recebidas no Brasil e no exterior.

# ONDE ESTÁ O AUTOR?

Marcus Vinicius de Freitas
Professor Titular de Teoria da Literatura (UFMG)

Este livro constitui um estudo de caso sobre um dos mais controversos temas da Teoria da Literatura, qual seja o papel do autor em relação à própria obra. Para além da beleza incontornável de seus poemas, e do encantamento ficcional de seus personagens-poetas, a obra de Fernando Pessoa se estrutura de maneira tal que a investigação sobre a autoria nela encontra vasto terreno em que se desenvolver, uma vez que, como sabemos, lá se encontra, entre os personagens-poetas, uma assinatura que possui o mesmo nome do autor, figura que ele mesmo denominou "ortônimo", por contraste (e não por oposição) aos outros, qualificados como "heterônimos".

A história da crítica sobre a obra pessoana, no que concerne ao lugar ocupado pela figura do autor, tem sido marcada por dois extremos. O primeiro deles deriva do início do processo de reunião e edição das obras pessoanas, poucos anos depois de sua morte, processo em que a geração da revista *Presença* ocupa lugar central. Os editores presencistas – José Régio, Adolfo Casais Monteiro e João Gaspar Simões – insistiram em ler a poesia multifacetada de Pessoa como um caso de inspiração genial, à maneira de Wordsworth ou de Keats, o que, por consequência, levaria a uma dedicação total do autor à obra, através da romântica entrega do sujeito ao ato criador. As fontes para essa leitura, claro, foram dadas pelo próprio Pessoa, através das famosas "Palavras de pórtico", fragmento sem data no qual se pode ler que "Viver não é necessário; o que é necessário é criar". Sob esse ponto de vista, cristalizou-se toda uma visada crítica sobre a obra do poeta que insistiu, e ainda insiste, em tomá-lo como sujeito-poesia, misantropo por escolha de gênio, voz lírica alheia ao mundo e resguardada na solidão do ato criador. Essa linhagem crítica pode ser comprovada, por exemplo, no conjunto dos trabalhos de Casais Monteiro sobre a obra de Pessoa,[1] mas possui o seu cume na biografia crítica, de fundo psicologizante, escrita por Gaspar Simões.[2] Eduardo Lourenço, com sua psicanálise mítica da cultura e sua insistência no mito como operador conceitual aplicado à obra pessoana também contribuiu para a permanência dessa visão.[3] Em recente estudo, George Monteiro nos brinda com uma importante análise das consequências críticas da visada presencista sobre a obra de Fernando Pessoa, na qual o autor explica os seus fundamentos e desmitifica as suas consequências, processo que vem ganhando corpo na revisão da bibliografia crítica sobre o poeta português.[4]

O outro extremo da abordagem sobre o tema da autoria na obra pessoana constituiu uma espécie de reversão pendular da proposta presencista. Onde antes se via o autor-gênio, dedicado unicamente à composição da obra e ancorado em um excesso de subjetividade que tudo abarca, agora se via o sujeito vazio, constituído apenas de máscaras de linguagem, cascas de cebola sem qualquer centro. Aqui devemos lembrar a fortuna de estudos, hoje clássicos, como os de Leyla Perrone-Moysés, José Augusto Seabra, Benedito Nunes e Octavio Paz, entre outros.[5] Essa poderosa vertente crítica conta ainda hoje com continua-

---

1. MONTEIRO, Adolfo Casais. *Estudos sobre a poesia de Fernando Pessoa*. Rio de Janeiro, Agir, 1958.
2. SIMÕES, João Gaspar. *Vida e Obra de Fernando Pessoa*. Lisboa: Bertrand, 1951.
3. Ver, entre outros trabalhos do mesmo autor, LOURENÇO, Eduardo. *Fernando Pessoa revisitado*. Leitura estruturante do drama em gente. Lisboa: Moraes Editores, 1973; e LOURENÇO, Eduardo. *O lugar do anjo*. Lisboa: Gradiva, 2004.
4. Ver MONTEIRO, George. *As paixões de Pessoa*. Lisboa: Ática, 2013, em especial o capítulo 1, que reconstrói a imagem de Pessoa como um poeta atuante em seu tempo; e o capítulo 7, que aborda diretamente os efeitos da edição da obra de Pessoa pelos presencistas.
5. Ver NUNES, Benedito. Os outros de Fernando Pessoa. In: *O dorso do tigre*. São Paulo: Perspectiva, 1969; PAZ, Octavio. Fernando Pessoa, o desconhecido de si mesmo. In: *Signos em rotação*. São Paulo, Perspectiva, 1972; PERRONE-MOISÉS, Leyla. *Fernando Pessoa: além do eu, aquém do outro*. São Paulo: Martins Fontes, 1982; SEABRA, José Augusto. *Fernando Pessoa ou o poetodrama*. São Paulo: Ática, 1974.

dores como, por exemplo, os trabalhos de José Gil.[6] A noção autoral que informa toda essa direção de pesquisa é a distinção barthesiana entre "écrivant" e "écrivain". Se o primeiro se conforma em ser um burguês realista, o segundo é o homem da negatividade, que se constitui apenas em meio para que a linguagem expresse a si mesma. Esse "escrevente" barthesiano não é nem criador, nem autoconsciente, mas apenas um meio através do qual o texto emerge como espetáculo linguístico a ser continuamente contemplado. Foi José Guilherme Merquior quem cedo apontou a impropriedade dessa visão pós-moderna do autor quando aplicada sobre Fernando Pessoa. Nas palavras do crítico,

> (...) poderíamos dizer que, enquanto que o *humor* dominante de Pessoa tende para o desalento romântico, o seu espírito permanece profundamente marcado pela tradição racional conquistadora e pela sua indagação crítica. (...) Por outro lado, certa crítica contemporânea, muito apegada a Pessoa tende às vezes a declarar ou insinuar que o maior mérito de sua superação do Romantismo reside numa espécie de dispersão dionisíaca, de diluição do sujeito – e, nesta perspectiva, quanto mais negativista parecer, melhor. Mas dir-se-ia que há qualquer coisa de errado nesta imagem pós-moderna de Pessoa. É uma imagem pouco equilibrada, pois tende a omitir ou ignorar as ironias sutis que o desmembramento heteronímico implica.[7]

Merquior chama a nossa atenção para o fato de que é mesmo enquanto poeta moderno – nem gênio romântico, nem écrivain barthesiano –, que Pessoa revela a grandeza de sua obra, na qual a ironia constitui um elemento que desloca constantemente qualquer tentativa de submeter essa obra a qualquer um dos dois polos antes apontados.

Nesse sentido é que o presente trabalho de Lisa Vasconcellos se configura como uma sugestiva contribuição à crítica pessoana, em particular, e ao tema da autoria, em geral. Em ensaio anterior, a autora

---

6. GIL, José. *Diferença e negação na poesia de Fernando Pessoa*. Rio de Janeiro: Relume-Dumará, 2000; GIL, José. *O devir-eu de Fernando Pessoa*. Lisboa: Relógio D'Água, 2010.
7. MERQUIOR, José Guilherme. O lugar de Pessoa na poesia moderna. *Colóquio/Letras*. 108, Mar. 1989, p. 39.

já demonstrara seu gosto pela investigação das instâncias de comunicação entre a estrutura interna da obra literária e o mundo exterior, ao investigar o lugar do leitor no romance *Grande Sertão: veredas*, de João Guimarães Rosa.[8] Como uma espécie de complemento à sua investigação do papel do leitor na obra literária, Lisa Vasconcellos se volta agora para o oposto especular do leitor, qual seja o autor. Em ambos os casos, trata-se de investigar a ambiguidade na localização dessas duas instâncias estruturantes da obra literária.

O trabalho de Lisa Vasconcellos sobre Fernando Pessoa parte de uma metáfora posicional, analisando um quadro do pintor barroco espanhol Francisco Zurbarán, intitulado "O Nascimento da Virgem", no qual um grupo de mulheres se volta para a interioridade da cena, enquanto uma única personagem ali presente olha para fora do quadro e indaga com seu olhar o espectador que mira a tela. Essa personagem localiza-se ao mesmo tempo dentro e fora da narrativa do quadro. Seu olhar é irônico, e parece tecer um comentário não sobre a cena, mas sobre a curiosidade do espectador/leitor do quadro.

Essa personagem serve à autora como metáfora de sua análise do lugar do ortônimo no conjunto da obra de Fernando Pessoa. Estando inserida na obra, a voz ortônima ao mesmo tempo olha para fora da obra, e a coloca ironicamente à disposição do leitor. Assim fazendo, Lisa matiza tanto as visões românticas quanto as pós-modernas sobre Pessoa. Nem um gênio identificado à obra, nem um escrevente sujeito vazio. À distância dos dois extremos, a autora destaca o valor positivo da ambiguidade posicional da voz ortônima. Essa visão é especialmente significativa porque segue a contrapelo da postura crítica vigente, que inclui o ortônimo como apenas mais um personagem na *côterie* pessoana. Para a autora, o ortônimo porta de uma dupla natureza, e compartilha, ao mesmo tempo, o estatuto de autor e de personagem. A autora chega à verdadeira heresia crítica (para os padrões da crítica barthesiana de Pessoa) ao dizer que "(...) *essa figura procura representar uma realidade extraliterária, a experiência do próprio Fernando Pessoa enquanto autor.*"

---

8. VASCONCELLOS, Lisa Carvalho. *Figurações da leitura: um estudo sobre o papel do narratário em Grande sertão: veredas*. São Paulo: Scortecci, 2008.

Sob esse ponto de vista, a voz ortônima constitui uma tematização da figura do autor dentro da obra. Fernando Pessoa é autor e é personagem. Não pode ser lido apenas como personagem, como quer a crítica antiautoral, pois seu lugar extrapola o mundo imaginário de sua ficção; mas, igualmente, não pode ser lido apenas como autor, porque a sua experiência autoral foi transformada em matéria poética. E é por isso, conclui corretamente a autora, que "*Fernando Pessoa se legitimou em sua obra não só como autor, mas também como personagem e enquanto tal aparece em outras obras literárias fazendo coisas nem sempre inspiradas por seu eu civil, histórico*".

O trabalho de Lisa Vasconcellos recupera para a Teoria da Literatura a figura do autor, não como instância de determinação da verdade da narrativa ou do poema, mas como instância de negociação entre escrita e leitura. De resto, essa era uma perspectiva que o próprio autor já havia colocado em poemas tais como "Autopsicografia" e "Isto", cuja dimensão irônica passou despercebida tanto aos cultores do gênio, quanto aos cultores da morte do autor.

O leitor tem em mãos, portanto, uma saudável prova de que a literatura não pode nunca ser enclausurada em teóricas camisas de força. O autor Fernando Pessoa sai renovado dessa leitura, assim como o leitor do trabalho de Lisa Vasconcellos sairá também deste texto com uma concepção renovada da força da própria literatura.

Amherst, Massachusetts, Maio de 2013.

## CENA INICIAL

O quadro é o Nascimento da Virgem[1]. Bem no meio da tela, numa cama ricamente guarnecida com cobertores e cortinas vermelhas, está Santa Ana. Sua cabeça pendendo para baixo e suas mãos moles à frente do corpo revelam seu cansaço por conta do que se imagina ter sido um longo parto. Ao redor dela, uma miríade de figuras femininas não identificadas. A princípio todas se parecem. Usando xales claros na cabeça e cores sóbrias no corpo, elas lembram fisicamente a imagem da própria Santa Ana, de modo que é fácil associá-las ao contexto da cena. São provavelmente amigas, parentes ou vizinhas da parturiente, que vieram oferecer ajuda em um momento delicado, prestando-se de parteiras ou enfermeiras, numa época em que tais profissionais ainda não existiam.

E, de fato, todas elas procuram fazer-se úteis. Ao fundo do quadro, debaixo das cortinas vermelhas, três dessas figuras reclinam-se sobre a jovem mãe: a que está mais próxima da cama adianta a Santa Ana uma bandeja contendo uma tigela, enquanto as duas últimas observam preocupadas. À frente, duas outras figuras, que parecem ser um pouco mais velhas e experientes que as demais, ocupam-se com o bebê rosado. Por conta das pálpebras abaixadas, é difícil entrever os olhos de qualquer uma delas, mas percebe-se que todas têm sua atenção voltada para dentro da própria cena, mirando a mãe ou a criança recém-nascida. Unido, o grupo composto pelas mulheres e pelas duas

---

1. O título usado por nós é uma tradução do inglês "The birth of the virgin". O quadro, de 1627, é parte da coleção privada do Norton Simon Museum, e está disponível no site <http://www.nortonsimon.org>.

santas forma um círculo cujo centro é o vazio vermelho da cama sobre a qual o nascimento nomeado no título se deu. Fechado, portanto, em relação ao mundo exterior, o conjunto compõe um universo em si, figurando-se como um espaço/tempo próprio. Nesse lugar mítico, habitado por seres fora da realidade, não há lugar para pessoas comuns e muito menos para o espectador.

Entretanto, no canto direito do quadro, quase saindo da tela, uma figura destoa das demais. Ela também faz parte do círculo, mas se posta de pé, em uma posição semelhante a que seria adotada por alguém que quisesse simplesmente observar a cena, mas não participar dela. É fácil perceber que ela é mais uma das auxiliares femininas, por conta do cesto que traz na mão. Sua aparência, contudo, é bastante diferente daquelas das outras mulheres do quadro: suas roupas são em tons brilhantes de amarelo e azul, sua cabeça está descoberta e seus cabelos e olhos escuros estão completamente à mostra. Ao contrário das suas colegas, que voltam toda a sua atenção à mãe necessitada e ao bebê recém-nascido, ela parece ignorar o que se passa a seu lado, dirigindo o seu olhar inteligente diretamente para nós, os espectadores. Sentimos que esse olhar quer nos dizer alguma coisa, contar algum segredo do qual as demais mulheres estão necessariamente excluídas.

Nenhuma das outras personagens do quadro, entretanto, dá atenção à estranheza dessa ação ou ao exotismo da figura: é como se essa mulher enigmática estivesse em um limbo, ao mesmo tempo dentro e fora da realidade representada na pintura. O mistério da personagem é somente esclarecido pelos comentaristas, que explicam ser essa estranha figura feminina uma representação da doadora da obra.

*The birth of the Virgin*, 1627, Francisco de Zurbarán.

O quadro é de Francisco de Zurbarán, pintor espanhol. Tendo nascido em 1558, na cidade de Badarós e morrido em Madrid em 1664, o artista foi contemporâneo do Século de Ouro espanhol, sendo um dos grandes representantes dos estilos maneirista e barroco em seu país. Zurbarán trabalhou durante grande parte de sua vida em Sevilha, onde, com o apoio de ordens religiosas, pintou, entre outras coisas, quadros místicos que retratam episódios da vida de santos e mártires da igreja católica. Capítulos da vida da Virgem Maria foram motivo de muitos de seus quadros, que englobam desde o nascimento – como vimos aqui – à infância e, finalmente, à morte da santa.

O tema do nascimento da Virgem, representado aqui, não é muito original e já havia sido objeto de muitos outros quadros, em épocas e lugares diferentes. A estratégia de incluir os doadores (ou, no caso, a doadora) na cena representada também não era uma novidade na época de Zurbarán. O leitor, inclusive, talvez esteja familiarizado com essa prática, que têm exemplos já na Idade Média. Na época, e também depois, ricos mecenas costumavam encomendar quadros com motivos religiosos, e, como bons pagantes, queriam sua memória preservada na obra. Restava ao artista incluí-los na cena, atribuindo-lhes ou não um papel dentro dela.

No primeiro caso, o resultado, que pode parecer inicialmente esdrúxulo, não deixa ter um sentido estético-moral importante para a época. Ao figurar um patrono das artes como servo de Santa Maria e Santa Ana, como faz a pintura descrita acima, por exemplo, o quadro dá a entender que o doador reivindica para si esse papel também em sua vida real. De fato, podemos imaginar que é justamente por ser assim que esse indivíduo encomendou uma obra com motivos da Virgem. E ao se fazer retratar na cena em questão, segurando um cesto, é como se dissesse: eu, à minha humilde maneira, também sirvo à Virgem e também sou digno de figurar na sua História. Seguindo esse raciocínio, muitos artistas representaram, em seus quadros, doadores inclinados em oração ou ajoelhados à frente da cena, em adoração às imagens santas ou aos episódios bíblicos retratados na pintura.

O quadro nos interessa, entretanto, menos por suas conotações religiosas do que pelo tipo de estética que propõe. Ao incluir a doadora na cena, Zurbarán não procura integrá-la totalmente na realidade ali figurada. É bastante óbvio que os parâmetros usados para retratar Santa Ana e sua corte são muito diferentes daqueles usados para representar a doadora. Enquanto as primeiras, por conta de suas roupas, atitudes e posicionamento dentro do quadro, encontram-se fechadas dentro de uma cena, a segunda se encontra em um espaço intermediário, liga-se às demais mulheres, uma vez que é também uma auxiliar, mas se afasta delas em seu exotismo físico. Em um limite, essa figura parece buscar algo que está fora da representação, estabelecendo uma ligação própria com o mundo exterior, através de nós espectadores, objeto de seu olhar.

Em meu primeiro contato com a obra de Fernando Pessoa, tive uma sensação muito parecida àquela gerada pela obra descrita acima.

Ali tínhamos um quadro literário dentro do qual seres maravilhosos escreviam, discutiam e comentavam as obras uns dos outros. Um poeta idealmente clássico, que compunha odes horacianas, convivia lado a lado com outro poeta, totalmente moderno[2]. Ambos eram discípulos de um terceiro que, por sua vez, encarnava uma inocência impossível, quase que anterior à própria linguagem. Em meio a essas figuras fantásticas, um ser contemporâneo, alguém que não pertence ao mundo do mito, mas ao nosso: Fernando Pessoa, ele mesmo.

Como a doadora do quadro, essa figura é incluída na cena, mas não pertence a ela. Da mesma maneira que ela estabelece uma relação com algo fora do quadro – se nossa hipótese estiver correta, essa realidade extraliterária seria a experiência do próprio Fernando Pessoa enquanto autor.

Nos capítulos a seguir tentaremos mostrar como o ortônimo é representado a partir de parâmetros ambíguos, que visam, em um limite, a captar uma imagem do autor dentro da obra. Acreditamos, mais ainda, que é possível investigar como essa representação se dá, utilizando-a para entender como Pessoa concebe a autoria.

---

2. Essa associação é inspirada na descrição que Eduardo Lourenço faz dos três principais estilos heterônimos (Lourenço, 1988).

# 1 PESSOA/ PESSOAS

## 1.1 Quando fui outro

*Pseudo,* do grego, significa, entre outras coisas, falso. O pseudônimo, de acordo com o *Dicionário Eletrônico Houaiss,* é um nome fictício, adotado por um autor por modéstia ou conveniência. Ele não necessariamente disfarça a personalidade daqueles que se escondem por trás dele, e há mesmo pseudônimos que se tornaram famosos, como o de Mary Ann Evans (George Eliot) ou o de Henri-Marie Beyle (Stendhal). O mesmo dicionário nos explica que o termo heterônimo tem uma definição muito diferente: *hetero,* também do grego, significa *outro,* ou seja, quando do que se trata é literatura, é um nome imaginário ao qual um escritor atribui a autoria de obras suas, mas cujo estilo é marcadamente diferente do seu.

O termo aparece pela primeira vez em português, em 1873, no *Grande Diccionario Portuguez ou Thesouro da Lingua Portugueza* de Frei Domingos Vieira. Mas se por em prática a estratégia da heteronímia é uma tendência já antiga – que pode ser encontrada, por exemplo, em Eça de Queirós – pode-se dizer que ela assumiu um papel cada vez mais importante, com a consolidação da modernidade. É o que assevera a respeito Fernando C. Martins em verbete do *Dicionário de Fernando Pessoa e do Modernismo Português*:

> Trata-se de uma tendência que a evolução do Romantismo para o Simbolismo e deste para o Modernismo agudizou, tendo em vista os "dramatic poems" de Robert Browning, a teoria das "máscaras" de Yeats, a invenção dos "poetas apócrifos" do espanhol António Machado

e, ainda, o caso singular do filosofo dinamarquês Sören Kierkegaard que, sob várias assinaturas, desenvolve uma filosofia que está na raiz do Existencialismo, onde a questão do outro é amplamente problematizada. (Martins, 2008: 328)

De fato, a sensação de que o autor é um outro, diferente de si mesmo, é o grande efeito da heteronímia. Muitos autores portugueses, especificamente, buscaram essa alteridade espelhando-se em poéticas distintas das suas próprias, mas já reconhecidas pelo cânone. Assim, nosso exemplo anterior, Eça de Queirós, um escritor na maior parte das vezes bastante conformado com o estilo realista escreve, sob o nome de Fradique Mendes, cartas e poemas inspirados em Baudelaire.

Em Fernando Pessoa, entretanto, a heteronímia ganha toda uma nova dimensão. Embora ele também mimetize Walt Whitman, por exemplo, em alguns de seus trabalhos heterônimos, seu propósito não é simplesmente contemplar a alteridade. Voltando-se sobre a obra de seu criador, os heterônimos de Pessoa problematizaram não só o outro, mas também o eu. Daí que, em sua obra, a heteronímia é apresentada de uma maneira tão particular, de tal forma unida à obra dita ortônima, que hoje é impossível falar de uma sem a outra.

Foram muitos os nomes sob os quais Fernando Pessoa assinou trabalhos. Tereza Rita Lopes, em *Pessoa por conhecer*, inventaria nada menos do que setenta e dois deles[3]. Entretanto, só Caeiro, Reis e Campos são considerados pelo seu criador verdadeiros heterônimos, tendo desenvolvido uma escrita e uma personalidade independentes da sua. De acordo com esse critério, Bernardo Soares, por exemplo, deve ser considerado um semi-heterônimo, pois seu trabalho não constitui um projeto autoral inteiramente diferente daquele assinado por Fernando Pessoa, ele mesmo. Segundo o próprio criador, a personalidade dessa figura é "uma simples mutilação" (Pessoa, 1999: 346) da sua; e a prosa, e o português em que escreve, são exatamente iguais aos que o autor da

---

3. Nesse cálculo entram todas as figuras que assinam algum texto, quer ele seja um poema, uma carta, um provérbio ou mesmo um artigo de critica literária. O levantamento, portanto, deixa de fora Chevalier de Pas e Capitaine Thibeaut, uma vez que, apesar de serem mencionados por Pessoa como seus primeiros amigos imaginários, não foram encontrados textos com a assinatura de nenhum dos dois.

*Mensagem* emprega em outros lugares. Outros, como Charles Robert Anon, Alexander Search, Vicente Guedes, Abílio Quaresma, Thomas Crosse e Frederico Rei, seriam simples *personalidades literárias*. O termo é de Tereza Rita Lopes (1990), e julgamos que seja particularmente interessante como modo de matizar as diferentes figuras que povoam a ficção pessoana. São seres que assinaram textos ao longo do percurso de seu criador, mas que nunca se desenvolveram completamente. A Alberto Caeiro, Ricardo Reis e Álvaro de Campos, entretanto, o poeta confere uma biografia própria, um estilo particular e até características físicas distintas.

Alberto Caeiro (1889-1915) nasceu em Lisboa, mas passou a maior parte da vida no campo, mais especificamente no Ribatejo, a tradicional zona agrícola de Portugal. Criado por uma tia-avó, obteve só a educação primária, mas por mérito próprio foi reconhecido como mestre de Campos e Reis, tendo influência na poesia de ambos. A ele são atribuídos três blocos de poemas: *O guardador de rebanhos, O pastor amoroso* e *Poemas inconjuntos*. Seus primeiros textos vieram a público em 1925, no quarto volume da revista *Athena*[4], na qual publicou uma seleção de 22 poemas de seu primeiro livro. O restante de sua obra, com exceção de alguns outros poucos poemas publicados na própria *Athena* e na *Revista Presença*, só veio a público depois da morte de Fernando Pessoa[5].

A poesia de Caeiro procura se aproximar da própria natureza: em princípio, pode ser lida como instintiva, inculta, pobre em temas e vocabulário, além de contestadora das formas de pensamento elaboradas. Mas essa simplicidade é só aparente. O *Guardador de rebanhos*

---

4. Revista de arte mensal dirigida por Fernando Pessoa e Ruy Vaz, entre outubro de 1924 e janeiro de 1925. Teve somente cinco edições, mas foi responsável pelo lançamento de Reis e Caeiro: 20 odes de Reis saíram no primeiro volume da série; no quarto, 22 poemas do *Guardador de Rebanhos*; e no quinto, dois textos de *Poemas inconjuntos*.

5. Fernando Pessoa deixou a maior parte de sua obra inédita e grande parte de seus textos em forma de rascunho, de modo que ainda há uma grande polêmica sobre quais textos devem ser publicados, como fazê-lo e a quais heterônimo atribuí-los. Diferentes editoras adotam diferentes critérios e o resultado é que, até hoje, não há consenso total sobre o que, exatamente, deve incluir a obra de Caeiro, Reis ou Campos.

elabora uma visão pagã do mundo que dialoga, e ao mesmo tempo desconstrói as bases da filosofia ocidental. Pouco descritivo, o texto de Caeiro procura contemplar as idas e vindas de um sujeito que pastoreia os próprios pensamentos e a marca dessa construção são as contradições e os paradoxos. Um bom exemplo disso pode ser visto no tratamento que as questões de fé recebem no principal livro dentre os seus livros. Ali, o poeta questiona símbolos ideológicos e religiosos, atacando especialmente São Francisco de Assis e seu "Canto ao Sol". Entretanto, segundo Maria Helena Nery Garcez, sua simplicidade infantil e placidez diante das contingências lembram justamente os ideais desse santo católico. Já Leyla Perrone-Moisés vê, em sua atitude para com a vida, traços de uma outra, mas igualmente importante corrente religiosa, o zen-budismo.

Pessoa o descreve como sendo de estatura média, louro e de olhos azuis. Morreu tuberculoso, aos 26 anos de idade. Avesso a questões sociais, como os outros heterônimos (exceção feita, paradoxalmente, ao clássico Ricardo Reis, que se exilou voluntariamente no Brasil por questões políticas), procurava aceitar a vida como ela é, e nisso muito influenciou seus dois comparsas ficcionais.

Já Reis nasceu em 1887 na cidade do Porto. Médico por profissão, educado em colégio de jesuítas, sua poesia reflete os ideais da antiguidade greco-latina, na qual se inspira diretamente. Neoclássica ou neoarcádica, sua poesia elege questões bem diferentes das de Caeiro. O esteticismo e a artificialidade são para ele um valor, e seu texto é pleno de inversões sintáticas, arcaísmos e helenismos. Horácio é sua principal inspiração e de suas odes retira alguns temas importantes – como a brevidade da vida, a necessidade de se aproveitar o tempo que passa (*carpe diem*) e a apreciação das coisas simples (*aurea mediocritas*) – além das musas Lídia, Neera e Cloe. Ao contrário do que acontece no texto latino, entretanto, no qual cada uma dessas mulheres tem suas características próprias e são sujeitas a diferentes clamores amorosos por parte do poeta, para Reis essas figuras femininas horacianas são meras interlocutoras, às quais ele se dirige indistintamente, chegando, inclusive, a misturá-las em um mesmo verso: "Nesta hora, Lídia, Neera ou Cloe,/ Qualquer de vós me é estranha [...]" (Pessoa, 2000: 105).

Como Caeiro, ele ama a natureza, mas não alcança o mesmo desprendimento do mestre em relação aos males da condição humana. Segundo Prado Coelho (1977: 38), "Reis experimenta a dor da nossa miséria estrutural, sofre com as ameaças inelutáveis e permanentes do *Fatum*, da velhice e da morte". Na sua poesia, o refúgio para isso é o estoicismo e o desprezo pelos bens mundanos que são, para ele, simples fonte de sofrimento. Suas odes são um exemplo de autodisciplina, nelas, o poeta, em versos e estrofes regulares, se apega à sabedoria dos clássicos para lidar com a pouca autonomia que lhe é dada em um mundo hostil.

Reis é autor de um livro de odes, do qual somente uma parte foi publicada em vida: 20 textos saíram no primeiro volume da revista *Athena* (1924) e outros oito foram publicados mais tarde, na *Presença*. Recentemente, veio a público um volume de sua autoria que revelou uma nova faceta de sua produção. O livro, lançado pela editora portuguesa Assírio & Alvim no ano de 2003, inclui, principalmente, textos em prosa de viés crítico e filosófico[6]. A respeito do destino de Reis – um homem baixo, atarracado e moreno na imaginação de Pessoa – sabe-se pouco. A última notícia que temos dele é a de que, por conta de seus ideais monarquistas, exilou-se por vontade própria em terras brasileiras depois da Proclamação da República em Portugal[7], que se deu em começos do século passado, e foi marcada por uma longa e sangrenta crise política e social.

Álvaro de Campos é o último e talvez o mais interessante dos heterônimos de Fernando Pessoa. Vários elementos são responsáveis por isso: autor de artigos, cartas e entrevistas, publicou intensamente, em várias fases de sua vida, e participou como nenhum outro da vida cultural portuguesa. Seus textos, nos quais não hesita em falar de si mesmo, dão a entrever diferentes fases, como nos autores de carne e osso.

---

6. As obras de Fernando Pessoa que têm sido lançadas nos últimos anos pela editora Assírio & Alvim são editadas no Brasil pela Companhia das Letras. Infelizmente, entretanto, o volume mencionado em especial ainda não foi publicado em nosso país.

7. Baseando-se justamente nesse hiato da história, é que José Saramago, único escritor de língua portuguesa a ganhar do prêmio Nobel de literatura, escreve *O ano da morte de Ricardo Reis*. Falaremos sobre esse livro na parte final da presente tese, que será dedicada às nossas conclusões.

Não é sem razão que é a figura literária mais bem descrita do grupo: "Campos é alto (1,75 m de altura, mais 2 cm do que eu), magro e um pouco tendente a curvar-se [...] entre branco e moreno, tipo vagamente de judeu português, cabelo porém liso e normalmente apartado ao lado, monóculo" (Pessoa, 2005: 97).

Campos nasceu em Tavira, uma cidade do Algarve, região sul de Portugal, no dia 15 de outubro de 1890. É criado pelas tias e depois educado por um primo padre, velho o suficiente para ser tratado também como um tio. Aos 15 anos é mandado estudar no exterior, mais precisamente em Glasgow, Escócia, onde se torna engenheiro naval. Depois disso tem uma vida movimentada: viaja pelo mundo, volta à sua terra natal onde conhece Caeiro, seu futuro mestre, publica na *Orpheu*, volta à Escócia para terminar sua formação, retorna novamente a Lisboa e assim por diante. Jacinto do Prado Coelho (1977) atribui-lhe três fases diferentes. Na primeira delas, ele seria um poeta decadentista que, em estrofes regulares e versos rimados, fala de seu tédio e desencanto com o mundo; *Opiário* seria o melhor exemplo desse tipo de produção. O poema foi publicado no primeiro número da revista *Orpheu* com a data fictícia de março de 1914. A segunda seria a fase das grandes odes (1914-1916). De acordo com Coelho, depois de conhecer Caeiro e sofrer influência de sua poesia libertadora, Campos passa a escrever odes entusiastas nas quais celebra a modernidade. O mundo industrial, a velocidade, as máquinas e sua terrível capacidade transformadora, todos os símbolos da nova era que nascia estão presentes em seus poemas desse período. Inspirado pelas vanguardas europeias, em geral, e pelo escritor norte-americano Walt Whitman em particular, o poeta adota uma linguagem propositalmente desordenada, na qual um estilo esfuziante, versos polirrítmicos e estruturas ao mesmo tempo repetitivas e torrenciais expressam uma personalidade hipertrofiada que quer integrar tudo a si[8]. Rapidamente, entretanto, essa euforia se esgota. De 1916 até o final de sua vida, Campos escreverá poemas nos quais revela

---

[8]. Cleonice Berardinelli (2004) argumenta que era intenção de Pessoa, publicar os poemas dessa fase em um único livro intitulado "O arco do triunfo". Para mais informações consultar o artigo de mesmo nome em *Fernando Pessoa: outra vez te revejo...*

cansaço e desânimo frente ao mundo. Tereza Rita Lopes, em sua edição da poesia do autor – lançada pela Companhia das Letras no Brasil pela primeira vez em 2002[9] – faz uma divisão diferente e encontra quatro momentos na produção de Campos. São eles: (1) o poeta decadente (1913-1914), (2) o engenheiro sensacionista (1914-1922), (3) o engenheiro metafísico (1923-1930) e (4) o engenheiro aposentado (1930-1935). Os dois primeiros são basicamente versões mais completas e acuradas das duas primeiras fases propostas por Prado Coelho. Os dois últimos são uma divisão, um tanto artificial, da última fase também proposta por ele, e não apresentam entre si mudanças substanciais no que concerne à poesia do autor de *Lisbon revisited*.

Os primeiros trabalhos de Álvaro de Campos saíram na revista *Orpheu* já em 1914. No primeiro volume desse veículo, foram publicados "Opiário" e "Ode Triunfal" e, no segundo, saiu "Ode Marítima". Mais tarde, textos seus também saíram na *Contemporânea*, em *A revista*, em um diário lisboeta chamando *Notícias* e na revista *Descobrimento*. A revista *Presença*, entretanto, foi a maior divulgadora dos textos da última fase de sua vida. Nela, saíram os poemas "Escrito num livro abandonado em viagem", "Gazetilha", "Apontamento", "Trapo", "Ah, um soneto!", "Aniversário" e "Tabacaria"[10]. Sua poesia saiu postumamente sob o simples título de *Poesia* de Álvaro de Campos.

As atividades de Campos, entretanto, deram origem a intervenções, nem sempre bem-vindas, no âmbito cultural português e, até

---

9. Como já foi dito, no Brasil, a editora Companhia das Letras vem publicando a obra completa de Fernando Pessoa em uma edição equivalente àquela lançada pela Assírio & Alvim, em Portugal. Alguns exemplares, entretanto, ainda não estão disponíveis no país e serão citados na versão portuguesa. Em todos os outros casos, demos preferência aos volumes aqui publicados para a simples conveniência do leitor.

10. Na *Contemporânea* saíram "Soneto já antigo", "Lisbon revisited" (1923) e "Lisbon Revisited" (1926). No primeiro volume de *A revista* foi publicado "Adiamento", e no quarto "À Fernando Pessoa". Em *Notícias* saiu "Apostila" e em *Descobrimento* o poema sem título que começa pelos versos "Quero acabar entre rosas, porque as amei na infância [...]". Esses, e todos os demais textos publicados pelos heterônimos durante a vida de Fernando Pessoa, podem ser achados no volume *Ficções do interlúdio* (Pessoa, 1998). Lá também se encontra uma referência completa sobre onde e quando esses textos apareceram pela primeira vez.

mesmo, na vida pessoal de seu criador. Foi uma carta malcriada que escreveu a um importante veículo da imprensa portuguesa – que havia, por sua vez, criticado duramente os poetas da *Orpheu* – que deu origem ao rompimento do grupo inicial da revista[11]. Segundo Gaspar Simões, também foi ele o responsável pelo fim do namoro entre Fernando Pessoa e Ofélia Queirós. Nesse sentido, Campos diferencia-se qualitativamente das experiências heteronímicas anteriores, uma vez que não se limita ao seu papel de escritor fictício, mas põe em questão textos que ultrapassam sua alçada. Afinal, um conjunto de cartas que sofre interferência de um ser de papel deve ser classificado como ficção ou não? Ou ainda, que estatuto dar a um autor que se deixa manipular por seu personagem, deixando que ele interfira em seus relacionamentos pessoais e profissionais? Como entender essa inversão de hierarquias entre criador e obra? Esclarecer isso é exatamente o que temos em mente ao abordar a obra de Fernando Pessoa.

Sabemos todos que os poemas heterônimos foram aqueles que Fernando Pessoa assinou com o nome de Caeiro, Reis e Campos e os ortônimos foram aqueles que assinou com o seu próprio nome. Seria justo, então, pensar que esses últimos são aqueles que correspondem a sua própria personalidade e que estão ligados, mais que os outros, ao sujeito Fernando Pessoa. Em literatura, entretanto, é impossível saber o que é artifício e o que não é. Seria ingênuo pensar que os poemas ortônimos seriam mais sinceros que os outros, ou mesmo mais próximos do autor. No *Dicionário de Fernando Pessoa e do modernismo português*, Fernando Cabral Martins esclarece que "O ortônimo não é qualitativamente diferente ou 'mais digno de crédito' do que os heterônimos, pelo que não é possível fazer a equivalência simples ortónimo = Fernando Pessoa." (Martins, 2008: 575).

O mais correto então seria pensar o Fernando Pessoa autor e o Fernando Pessoa ortônimo enquanto entidades diferentes. O primeiro é responsável pelo drama heteronímico e pelo projeto dramático que

---

11. Antônio Ferro, que originalmente ocupava o cargo de diretor da revista, ficou particularmente magoado com a repercussão ruim que a carta de Campos teve na imprensa. Ainda assim, permaneceu um grande amigo de Pessoa até o fim de seus dias, tendo tido inclusive alguma participação na premiação do livro *Mensagem*.

está por trás da obra como um todo; já o segundo, pode-se desse modo afirmar, é responsável somente pelos poemas que assina[12]. O próprio Fernando Pessoa reconhece que a poesia ortônima implica em tanto fingimento quanto a heterônima. Em um fragmento sem data recolhido em *Páginas íntimas e de auto-interpretação* ele confessa "Nunca me sinto tão portuguesmente eu como quando me sinto diferente de mim: Alberto Caeiro, Álvaro de Campos, Ricardo Reis, Fernando Pessoa e quantos mais haja havidos e por haver" (Pessoa, 1966: 94). Fernando Guimarães, baseando-se na concepção de que a heteronímia é um drama em gente, ideia lançada pelo próprio Pessoa em depoimento pessoal, chega até a conceber que:

> Se optarmos pelo ponto de vista referido inicialmente [drama em gente] o qual orienta a pessoa dos heterônimos para uma personificação estética que conduz ao texto poético acabamos por ser levados a admitir [...] que a obra assinada por Pessoa não representa em relação à dos heterônimos uma substancial diferença quanto ao estatuto autoral. Tal opinião levou a que se considerasse que Pessoa ele-mesmo seria uma espécie de heterônimo. (Guimarães, 2008: 330)

Ora, se Pessoa ortônimo compartilha o mesmo estatuto dos heterônimos, podendo ser ele-mesmo considerado como um deles – um personagem – não é de se estranhar que estabeleça uma relação de igual para igual com suas criações ficcionais. De acordo com essa teoria seria possível, inclusive, traçar para a figura do ortônimo um perfil semelhante àquele que compusemos para Caeiro, Reis e Campos, no início do capítulo.

Poderíamos dizer, por exemplo, que a poesia do Pessoa ortônimo se caracteriza formalmente pelo uso de redondilhas, pelo ritmo marcante, acentuadamente melódico, e pelo diálogo com as formas populares da poesia portuguesa. Dentro da rede que rege as relações entre os heterônimos, ele também teria um papel específico, como discípulo de Caeiro, amigo de Campos e editor de Bernardo Soares. O

---

12. A partir de agora passaremos a nos referir às duas facetas de Fernando Pessoa empregando justamente essas duas categorias: autor e ortônimo.

ortônimo seria também o autor de "Chuva oblíqua" e do drama estático "O marinheiro", ambos publicados na revista *Orpheu*.

Essa tese explica muita coisa, mas não dá conta de todo o problema. Afinal, se Fernando Pessoa autor e Fernando Pessoa ortônimo são seres diferentes, sendo que o primeiro é um ser civil e o segundo um ser ficcional, por que Campos, amigo do segundo, aparece nas cartas a Ofélia, de autoria do primeiro? É preciso dizer, portanto, que as estratégias usadas na representação desse personagem são bem diferentes daquelas usadas no retrato dos outros heterônimos e que o ortônimo não pode ser equiparado a Caeiro, Reis ou Campos. Defendemos a hipótese de que, na representação do Fernando Pessoa personagem, incluem-se estratégias hibridas que jogam com as noções de ficção e realidade. Veremos como isso se dá em detalhe no próximo capítulo. Por agora podemos adiantar que dar ao ortônimo um estatuto diferente do tradicional, implica, necessariamente, lançar um novo olhar sobre a heteronímia. Antes de fazer isso, entretanto, gostaríamos de examinar a obra de alguns críticos que servirão de base ao nosso raciocínio posterior.

## 1.2 Mitologias

Dentro da fortuna crítica pessoana, não são muitos os críticos que tocam no tema da diferenciação entre o ortônimo, heterônimos e autor. Jorge de Sena é o que faz isso da maneira mais original e instigante. Em seu artigo "Fernando Pessoa: o homem que nunca foi", o crítico, escritor e poeta português parte de fragmentos biográficos da vida de Pessoa, dos quais foi testemunha parcial, para levantar a hipótese de que Pessoa substitui a escrita – e consequentemente a ficção dos heterônimos – por sua vida real. Todos sabemos que a vida pessoal de Fernando Pessoa foi completamente desinteressante: viveu quase sempre em Lisboa, não teve grandes amores, nem amizades intelectuais que fizessem jus a seus dotes (a única exceção talvez tenha sido Mário de Sá-Carneiro). Também não encontrou, em Portugal, um ambiente intelectual compatível com sua própria produção, e exerceu, durante toda a sua vida, uma profissão burocrática e pouco estimulante – a de correspondente estrangeiro em casas comerciais da baixa lisboeta. Para Sena, a escrita era sua vida, e Fernando Pessoa contaminava com ela elementos que, a princípio, não eram da alçada ficcional. Segundo esse raciocínio, a personalidade afável e divertida que Pessoa apresentava aos poucos familiares e amigos com os quais convivia – tão diferente do eu atormentado de seus poemas – também pode ser considerada um heterônimo, uma máscara. Ou seja, para Sena a heteronímia é uma categoria que não se limita ao âmbito literário, e é baseando-se nisso que ele pode dizer: "Na realidade, o Pessoa-ele-mesmo, era tão heterônimo como todos os outros" (Sena, 2000: 357).

Com o termo "Pessoa-ele-mesmo", Sena não deixa claro se está se referindo ao ortônimo – concordando assim com a tese defendida por Martins no *Dicionário de Fernando Pessoa e do modernismo Português* – ou ao autor. A verdade é que, baseando-se na concepção ampla que esse crítico tem da heteronímia, ele bem poderia estar falando dos dois. Concordamos com ele que essas duas figuras, ortônimo e autor, estão completamente imbricadas, mas acreditamos ser possível elaborar teoricamente uma explicação que dê conta desse hibridismo respeitando as diferenças entre ficção e realidade, o que, cremos, o autor de *Sinais de fogo* não faz.

Outro crítico que toca na questão da ortonímia de maneira interessante é Jacinto do Prado Coelho. Embora não explicite teoricamente suas ideias sobre a diferenciação entre ortônimo e heterônimos, ele dá, em seu livro *Diversidade e unidade na poesia de Fernando Pessoa*, o mesmo tratamento, o mesmo estatuto, a essas duas categorias. Como o próprio nome já diz, nesse texto, através da comparação entre as obras dos diferentes heterônimos e do ortônimo, o autor procura estabelecer o que aproxima e o que separa as diferentes facetas da poesia pessoana. Jacinto do Prado Coelho, que além de crítico literário foi também professor universitário, tinha provavelmente um objetivo didático ao escrever esse livro: introduzir o leitor no universo pessoano. Daí ser essa uma das primeiras obras a falar individualmente sobre os diferentes heterônimos e suas características principais. Ao longo das páginas do volume, vemos capítulos dedicados a introduzir separadamente as diferentes facetas da obra de pessoa, depois aproximá-las em uma unidade de sentido e finalmente enumerar elementos estilísticos comuns.

Segundo Eduardo Lourenço o objetivo de Coelho é "[...] mostrar, através da análise de cada um dos poetas que Pessoa pretendeu ser, que a apregoada autonomia não resiste a um exame, nem dos temas, nem das particularidades estilísticas." (Lourenço, 2008: 24). Não nos parece, entretanto, que a intenção de Jacinto do Prado Coelho, ao apontar as semelhanças existentes entre Campos, Reis e Caeiro tenha sido a de denunciar a heteronímia como mistificação, muito pelo contrário. Coelho não parece hora nenhuma estar buscando o autor por trás da obra; fosse esse o caso, ele tentaria, ingenuamente, dar algum destaque à obra do ortônimo e talvez usá-la como parâmetro para analisar as demais. Não é o que acontece aqui, de maneira alguma. Na obra de Coelho, Fernando Pessoa aparece jogado no meio dos heterônimos sem qualquer traço distintivo que lhe dê algum valor hierárquico sobre os demais: não é o primeiro nem o último do livro, nem o capítulo a ele dedicado é maior ou mais interessante que o dos outros. Os elementos temáticos e estilísticos que ligam as diferentes facetas da obra levantados no livro também são por demais aleatórios para indicar um projeto total por trás da obra de Pessoa.

A fortuna crítica pessoana é plena de trabalhos dedicados à heteronímia como tema geral e, embora eles não toquem diretamente na relação entre ortônimo e heterônimos, alguns deles podem trazer contribuições à nossa questão. Gostaríamos então de fazer um recorte de três trabalhos específicos para melhor situar o assunto[13]. São eles: *Vida e obra de Fernando Pessoa* de João Gaspar Simões; "Pessoa, ninguém?" de Leyla Perrone-Moisés e *Fernando Pessoa, rei da nossa Baviera* de Eduardo Lourenço. Os dois primeiros, embora trabalhem com pressupostos dos quais discordamos, trazem intuições interessantes sobre o tema. Já o terceiro é completamente básico para situarmos o ortônimo

---

13. Para o leitor que deseja um panorama completo da fortuna crítica pessoana, indico os seguintes textos: *A fortuna crítica de Fernando Pessoa* (2008) e *Considerações pouco ou nada intempestivas* (1981) ambos de Eduardo Lourenço, *Estudos sobre a poesia de Fernando Pessoa* (1958) de Adolfo Casais Monteiro e "Posfácio" de Jacinto do Prado Coelho.

em relação ao autor, uma vez que faz ponte entre heteronímia em Pessoa e a desautorização da figura do poeta (e do autor) na modernidade.

Eduardo Lourenço foi um dos críticos que melhor falou sobre o caráter enigmático da poesia de Pessoa, tendo dedicado mais de um livro a esse assunto. Para ele, o fenômeno da heteronímia é peça chave dentro desse âmbito, mas, apesar disso, ele tem sido sistematicamente mal lido pela crítica. No primeiro capítulo de *Fernando Pessoa revisitado*, o ensaísta faz uma revisão do que acredita serem as três principais linhas de pensamento sobre o assunto. Segundo Lourenço, essas três perspectivas são, na realidade, uma continuação das ideias do próprio poeta, que em seus artigos sobre a nova poesia portuguesa explicou seu trabalho sob as perspectivas psicológica, sociológica e literária[14]. Em nosso recorte começaremos pelo principal representante dessa primeira linha.

Estamos falando de *Vida e obra de Fernando Pessoa*. Seu autor João Gaspar Simões, além de amigo pessoal do poeta, foi crítico e escritor, tendo começado sua carreira literária na revista *Presença*, da qual foi um dos dirigentes. Essa publicação, como todos sabem, foi o grande veículo para a divulgação da segunda fase do modernismo em Portugal e os jovens estudantes coimbrãos que a fundaram viam em Pessoa um mestre, se inspirando em seu trabalho e no dos demais membros da revista *Orpheu*. Segundo Eduardo Lourenço, entretanto, a geração da *Presença* tinha uma divergência frontal com o grupo anterior: enquanto Pessoa e seus colegas entendiam o fenômeno poético como um artifício, os jovens presencistas o valorizavam enquanto uma expressão de sinceridade do sujeito autor, numa clara demonstração de que resquícios de práticas poéticas oitocentistas, românticas em particular, ainda não haviam sido deixadas para trás.

Não é de se estranhar, portanto, que *Vida e obra de Fernando Pessoa* procure explicar a heteronímia justamente a partir de elementos da vida do seu autor. Simões foi um leitor de primeira hora de

---

14. "A nova poesia portuguesa: sociologicamente considerada" e "A nova poesia portuguesa no seu aspecto psicológico" foram de fato artigos escritos pelo autor. O âmbito literário, ou estilístico, não chegou, entretanto, a ser contemplado em um texto exclusivo, embora esteja implícito nos dois anteriores.

Freud e, ansioso para aplicar suas recentes descobertas psicanalíticas a um sujeito concreto, procura as raízes da radicalidade da proposta de Fernando Pessoa em suas experiências infantis. Segundo ele, assim se segue o romance familiar do menino Fernando: tendo perdido o pai e o irmão muito cedo, Pessoa se apegou muito a própria mãe e, portanto, não pôde deixar de se sentir traído quando ela se casou com João Miguel Rosa e se mudou para a África do Sul para formar uma nova família junto a ele. Expatriado de seu lar e de sua mãe, privado do uso público de sua própria língua, Pessoa passou a carregar uma sensação de despersonalização que o acompanharia pela vida afora, tornando-se particularmente patente nas crises morais ou na crença, inspirada pela leitura do psiquiatra Max Nardeau, de que sofria de histeria. Finalmente, esse sentimento viria a tomar corpo na poesia do autor português através do fingimento. Os heterônimos, desse modo, seriam a manifestação ficcional dessa despersonalização: transformando-se em muitos, Fernando Pessoa deixa de ser si mesmo.

Eduardo Lourenço aponta para o fato de que nesse tipo de raciocínio está implícita uma visão pejorativa da heteronímia. Simões acredita que Fernando Pessoa, por ter sido incapaz de elaborar bem os problemas da primeira fase de sua vida, continuou, depois de adulto, a usar estratagemas puramente infantis, como a brincadeira e o fingimento, como base para seu trabalho. Ora, se a heteronímia se inclui dentro desses estratagemas, ela não passa de uma brincadeira infantil, uma simples mistificação a ser decifrada pelos leitores. Apesar desses problemas, lança-se aqui a ideia de que a heteronímia é uma espécie de compensação para uma falta primeva, ideia essa que será reelaborada de maneiras diferentes por Leyla Perrone-Moisés, pelo próprio Lourenço, e, como vimos anteriormente, por Jorge de Sena.

Em *Além do eu, aquém do outro*, a professora paulista Leyla Perrone-Moisés reúne um conjunto de artigos em que procura fazer um panorama a respeito de suas ideias sobre Fernando Pessoa. O centro de sua argumentação é o fato de que a obra de Pessoa é uma forma que ele encontrou para lidar com o vazio da sua existência, de algum modo tentando compensá-lo. No capítulo introdutório do livro, denominado

"Pessoa, ninguém?", ela se baseia na noção de *romance familiar* cunhada por Freud para procurar uma explicação psicanalítica para a heteronímia. Explica ela que as primeiras personalidades literárias criadas pelo pelo poeta surgiram logo após a morte de seu pai. Chevalier de Pas e seu adversário Capitaine Thibeaut seriam uma tentativa de simbolizar os lados bom e mau desse ente perdido. Os próprios Alberto Caeiro, Ricardo Reis e Álvaro de Campos, estruturados nos moldes de mestre e discípulos, lembram uma família inteiramente masculina formada por pai e filhos. Postos de lado os pressupostos psicanalíticos que orientam essa análise, e com os quais não podemos concordar por os considerarmos redutores do complexo trabalho de criação poética pessoano, é possível, entretanto, encontrar no raciocínio de Leyla Perrone-Moisés novamente a ideia de que a heteronímia está estreitamente relacionada a um vazio pessoal. Acreditamos, entretanto, que Eduardo Lourenço será o único capaz de elaborar essa relação de maneira adequada.

Em *Fernando Pessoa, rei da nossa Baviera* ele defende a tese de que o autor da *Mensagem* passou para a História, não como um simples escritor, mas como um mito. A nosso ver, isso se dá porque o autor se instituiu enquanto personagem de si mesmo, levando a autoria para o plano ficcional.

Segundo Lourenço, os heterônimos são, na realidade, figurações de diferentes tipos de sinceridades poéticas, dentro das quais se pode fingir que a ligação entre linguagem e realidade ainda vigora. De acordo com o estudioso, parece que pelos menos três momentos históricos são representados no drama heteronímico: Caeiro corresponde ao contentamento grego; Reis, à indiferença romana e Campos, à infelicidade moderna. Não é sem razão que Lourenço considera a heteronímia "[...] o último ato do longo processo de dissolução do Eu inaugurado pelo Romantismo" (Lourenço, 2008: 15).

A tese defendida em *Fernando Pessoa, rei da nossa Baviera* é a de que o poeta se anulou enquanto sujeito para dar lugar à própria literatura. Sendo incapaz de representar a si mesmo com a sinceridade que gostaria, ele preferiu simplesmente não se representar ou, ainda, representar a outros.

> A sua poesia [de Fernando Pessoa] inteira só existia e só adquiria sentido como expressão do intolerável (ou impossível) por excelência: *um eu ontologicamente plural* [...] *Não havia centro*, não havia Fernando Pessoa, não há *pessoas*, mesmo sem ser fernandos: *há apenas uma ausência radical do eu a si mesmo, um vazio original, informe e sem nome*, apto a revelar-se (inutilmente, aliás) sob *mil* nomes. Tal é o mito da heteronímia, mito resumo da história do eu como consciência de si, desde a sua promoção a estrutura do mundo, de Descartes a Hegel, até a sua dissolução espetacular com Mallarmé, Rimbaud e Pessoa. A este mito deu Fernando Pessoa uma espécie de exterioridade paradoxal e toda a sua Obra se encontra hoje perspectivada no horizonte desse mito. (Lourenço, 2008: 139-140, grifos do autor)

Em um artigo do mesmo livro, "Kierkegaard e Pessoa ou a comunicação indireta", Lourenço dá continuidade às suas ideias, defendendo a tese de que a heteronímia foi a maneira que Pessoa encontrou de driblar a arbitrariedade do signo e recuperar – na medida do possível – a ligação perdida entre palavra e sentimento, entre criação e vida. Esse jogo de máscaras é, para o crítico, um tipo de comunicação indireta, semelhante àquela usada, por exemplo, pelo camponês manhoso que só fala por meio de alusões, reticências e símbolos.

Em Pessoa, essa estratégia é uma resposta a duas necessidades contrárias: ao mesmo tempo em que ele é obrigado a se conformar com uma linguagem insincera, ele deseja desesperadamente dizer o quanto se sente desapontado frente a ela. Como vimos pouco atrás, cada um dos heterônimos fornece um tipo de resposta a esse impasse. Segundo Lourenço, entretanto, nenhum deles consegue recuperar a unidade perdida, uma vez que são eles mesmos seres fragmentários. E o resultado é que a poesia de Pessoa está irremediavelmente impossibilitada de reconstituir um eu traduzível em palavras. Talvez seja pertinente dizer então que, nos textos pessoanos, o poeta, que já não pode falar de si, parece dar lugar a uma obra que fala sozinha. Dar voz à literatura: eis o projeto pessoano conforme Eduardo Lourenço.

Para a fortuna crítica pessoana, a escrita desse grande autor – e a heteronímia por consequência – está frequentemente associada à substituição de algo que falta. Para Jorge de Sena, ela é uma compensação para uma vida que não foi; para Simões, ela é uma maneira de elaborar o exílio e a perda da língua pátria e do amor da mãe (uma vez que ela havia se casado com outro homem, rival e substituto do menino Fernando Pessoa); já para Perrone-Moisés ela é uma reconstituição da família perdida que, por sua vez, presentifica-se na ficção dos heterônimos. Temos consciência – e os críticos mencionados aqui também o têm – de que a literatura (mesmo em um autor como Pessoa) não substitui a vida e que todas essas compensações, uma vez que se dão exclusivamente no âmbito ficcional, não são suficientes para reparar o passado, o mundo ou o amor materno que se perdeu.

Ainda assim, a sensação de que isso é possível é bastante frequente nos leitores de Pessoa. Acreditamos que isso se dá porque a obra de Pessoa propõe uma ficção na qual ele-mesmo se figura, através do personagem do ortônimo. Se os heterônimos são uma versão adulta dos amigos imaginários que cercam as crianças (como pensa Simões) ou se eles são uma reconstituição da família destroçada (como pensa Perrone-Moisés) não seria estranho que Pessoa quisesse incluir em seu mundo um duplo de si mesmo, como de fato o faz através da figura do ortônimo[15].

Se, por outro lado, Jorge de Sena é capaz de propor que a escrita em Pessoa seja uma substituição da vida que não foi, é porque essa escrita consegue recuperar, de alguma maneira, elementos dessa mesma vida, por mais pobre que ela tenha sido. Novamente, acreditamos que isso se dá porque Pessoa figura a si mesmo – enquanto homem e autor – dentro de sua obra. Fazendo isso, ele cria, a partir da figura do ortônimo, um novo tipo de texto, no qual a ficção se mistura a elementos biográficos e Campos, um personagem literário, pode conviver com Ofélia Queirós e Antônio Ferro, seres de carne e osso.

O leitor já deve ter percebido que toda essa discussão implica um novo olhar sobre a heteronímia. Se antes ela poderia ser considerada um bloco ficcional coeso, agora é possível identificar pelo menos

---

15. Não queremos dizer com isso que concordamos com os argumentos de Simões ou Perrone-Moisés, mas sim, que eles se dão com base em uma intuição que gostaríamos de aproveitar aqui.

dois tipos de estratégias representacionais distintas dentro da mesma: uma usada para os heterônimos e a outra para o ortônimo. Colocar essas estratégias díspares juntas é a grande ironia de Pessoa. É como se o ortônimo, em seu duplo estatuto de personagem biográfico e ser ficcional, viesse problematizar todo o quadro em que se insere. Para nós, Pessoa ele-mesmo ocupa um lugar semelhante ao da doadora da imagem descrita na Introdução: ele está dentro da ficção, mas, por ser representado a partir de opções estéticas diversas, dá a sensação de que não pertence a ela. Ocupa assim um duplo papel, tendo uma função específica em relação aos seus pares ficcionais, mas também uma função em relação ao público, que reconhece sua singularidade em relação ao resto da obra.

Expliquemos isso voltando à metáfora do quadro, usada na Introdução. A doadora, representada no quadro de Zurbarán, participa da cena do nascimento da Virgem, figurando como uma das mulheres – amigas, familiares, ou vizinhas – que frequentemente auxiliavam as parturientes, numa época em que não havia médicos ou enfermeiras para isso. Para dar veracidade ao seu papel de ajudante, ela, inclusive, segura um cesto, contendo um objeto que não conseguimos identificar, mas que provavelmente tem alguma utilidade para a mãe ou para o bebê recém-nascido. Entretanto, sua atitude é muito diferente da das outras figuras femininas do quadro. Ao invés de se curvar em direção à criança ou se voltar para Santa Ana, que está claramente cansada e precisando de cuidados, essa estranha personagem permanece de pé, rígida, ao lado da cena que nem sequer observa. Seus olhos, que giram para longe do acontecimento que dá título ao quadro, parecem se dirigir diretamente ao público que observa a pintura. E é como se eles quisessem estabelecer conosco algum tipo de comunicação secreta, da qual as demais personagens da obra estão necessariamente excluídas. A doadora está dentro da cena, mas também está fora dela e sua presença híbrida impede o espectador de olhar a pintura inocentemente. Daí o seu caráter irônico: ao trabalhar com dois tipos de representação diferentes, colocadas lado a lado sem mediação, o pintor evidencia a artificialidade da mímese que põe em tela, ou mesmo de toda e qualquer tipo de mímese.

O que em Zurbarán é só uma intuição, vai passar a ser a regra com a chegada da modernidade. Para Lourenço, como já foi dito, é justamente essa nova configuração do mundo – onde já não há lastro entre realidade e representação, ou ainda, entre os sentimentos do sujeito autor e a poesia – o que está na origem da heteronímia. Concordamos inteiramente com essa tese, mas gostaríamos de ir além. Acreditamos que, ao figurar a si mesmo dentro da obra, Pessoa nos fornece um campo de pesquisa sobre a questão da autoria. Se o ortônimo é uma figuração do autor, é nossa intenção sondar essa figuração para entendermos que tipo de questionamentos Pessoa faz sobre si mesmo em seu papel de criador. Sabemos que esse papel, como deu a entender Lourenço, não pode ser separado de uma discussão maior sobre o autor moderno e é justamente sobre isso que gostaríamos de falar agora.

## 1.3 Autor/Autores

Se no passado o poeta era considerado um ser privilegiado, capaz de traduzir seus sentimentos – e os dos seus pares – na forma de poesia, a modernidade veio colocar em xeque esse papel. Walter Benjamin, um dos principais estudiosos da cultura moderna, identifica esse momento de mudança especificamente com o período que vai das revoluções de 1848 ao fim do século XIX, avançando talvez até a Primeira Grande Guerra. Para ele, a cidade moderna e a vida na era industrial dificilmente são temas propícios à poesia. Acuado em um espaço que não é mais o seu, o poeta passa a se sentir fora de lugar mesmo quando em seu próprio país. Charles Baudelaire talvez tenha sido o primeiro a problematizar essa nova situação – metaforizada em seus textos pela imagem do poeta que, andando pelas ruas enlameadas da metrópole, perde a sua aura. Justamente por isso, entretanto, o autor de *As flores do mal* deve ser considerado o grande poeta da modernidade, uma vez que ele não só diagnostica a nova situação como inventa os caminhos que serão percorridos pela nova lírica que surge em meio a esse momento de caos.

Já Hans U. Gumbrecht, filólogo e medievalista contemporâneo, relaciona o declínio da autoridade do poeta às mudanças concernentes aos modos de conhecer o mundo. No passado, "[...] mais do que produzir conhecimento novo, a tarefa da sabedoria humana era proteger do esquecimento todo saber que tivesse sido revelado – e tornar presente esta verdade revelada pela pregação e, sobretudo, pela celebração dos sacramentos" (Gumbrecht, 1998: 12). Nesse contexto, o papel do texto literário é repetir, e não inovar. O valor está na cópia dos clássicos, na repetição de histórias e morais bem conhecidas, pois é nelas que se encontra sabedoria. Durante esse período, autor e aedo, autor e escriba se misturam, pois é difícil definir o ponto em que estes paravam de repetir as histórias do passado e começavam a inventar as suas.

Com o início da Modernidade, inaugura-se uma era de invenção e crença no poder de observação humano como forma de produzir conhecimentos. Essa mudança é baseada em uma nova configuração da relação entre homem e mundo: ele agora se vê como um sujeito espiritual separado da realidade dos objetos. Em literatura, o romantismo é o auge desse período, e tem na expressão pessoal sua maior máxima. Nesse momento, há muito os textos já são assinados e vistos como uma espécie de propriedade de seu autor (Cf. Foucault, 2009). Por sua vez, o público, em sua leitura, estabelece uma falsa contiguidade entre poeta e escritor, tomando, muitas vezes, a obra como uma expressão do sujeito autor[16].

Esse sujeito exterior aos objetos do mundo vem ser balançado quando sua percepção é colocada em xeque. A Modernidade vem explicitar a existência de um hiato entre a observação do mundo e a criação de conceitos derivados dessa observação:

> [...] o novo observador, auto-reflexivo, sabe que o conteúdo de toda observação depende de sua posição particular (e é claro que a palavra "posição" cobre aqui uma multiplicidade de condições interagentes), fica claro que – pelo menos enquanto for mantido o pressuposto de um "mundo real" existente – cada fenômeno particular pode produzir uma infinidade de percepções, formas de experiências e representações possíveis. Nenhuma dessas múltiplas representações pode jamais

---

[16]. Ironicamente, mesmo no auge no romantismo já é possível percebermos alguns índices de escamoteamento da autoria. A ironia romântica é uma delas.

pretender ser mais adequada ou epistemologicamente superior a todas as outras. Este é o problema que Foucault denomina "a crise de representabilidade". (Gumbrecht, 1998: 14)

Na literatura, as vanguardas, procurando sempre instaurar o novo e criar suas próprias tradições, geraram um descontentamento generalizado para com qualquer figura autoral que se propusesse como única detentora dos sentidos de um texto. De fato, numa época em que tudo está em xeque, até mesmo a noção de eu, é difícil acreditar que exista um sujeito uno e coerente por detrás de cada grande obra. Muitos dos próprios escritores abdicaram do papel de donos da obra, parecendo, inclusive, desaparecer por trás de suas obras, cada vez mais intransitivas e herméticas.

Antoine Compagnon, em seu livro *O demônio da teoria* (1999) faz um pequeno apanhado de como a crítica e a Teoria Literária lidaram com essa mudança de paradigma. No texto "O autor", esse estudioso francês acompanha o que foi dito sobre o tema desde a antiguidade clássica até os dias atuais. Segundo ele, a problemática da autoria pode ser resumida pela seguinte pergunta: até que ponto as intenções do autor de uma obra devem ser consideradas na interpretação da mesma? Em polos opostos teríamos uma tese clássica e uma moderna.

No passado, acreditava-se que havia uma intenção organizadora por trás de todo texto. Nessa época, interpretar uma obra era restabelecer seu sentido original, ou seja, o sentido que o autor tinha em mente quando a escreveu. As correntes que compartilham a primeira teoria são tanto aquelas que se ocupam com o contexto histórico no qual uma obra se insere, como aquelas que lidam com a biografia de seu escritor. Alguns exemplos, que existem ainda hoje, são o materialismo marxista e a psicanálise freudiana.

Na medida em que o sujeito – e, consequentemente, o autor – perdia lugar na organização do mundo, os críticos e teóricos passaram a defender a autonomia da linguagem. Para os adeptos dessa segunda perspectiva, o texto deve ser analisado como objeto em si, sendo que os fatores extratextuais são considerados pouco científicos e indignos de nota. Os partidários dessa linha são chamados de *anti-intencionalistas*.

Segundo *O demônio da teoria*, seus maiores representantes são os *New critics* e os estruturalistas. Parte dessa leva também substitui o leitor pelo autor como instituição de sentido. Roland Barthes é um deles.

Compagnon esclarece, entretanto, que o lugar do autor não foi completamente esvaziado de sentido, mas somente sofreu um deslocamento. Afinal, se o *New criticism*, o Estruturalismo ou Barthes resolveram procurar em outras categorias a verdade de uma obra, não significa que não haja uma intenção nela, mas que essa intenção simplesmente mudou de lugar. Ao invés então de identificar o autor com a pessoa do escritor, é o caso de identificá-la com a estrutura da obra.

A princípio, não há dúvida de que a teoria moderna, descrita por Compagnon, é a mais apropriada para lidar com a obra de Pessoa. A exemplo do que acontece em outros autores modernos – o dramaturgo irlandês Samuel Beckett será aqui nosso exemplo comparativo – em sua poesia, a linguagem dificilmente poderia ser remetida à pessoa do autor. Em Beckett, há um apagamento de marcas autorais: não se sabe quem fala em seus textos; suas narrativas são pobres em experiência pessoal e a representação, por vezes, parece não reportar-se a qualquer elemento conhecido do mundo biossocial. Já em Pessoa, embora existam marcas autorais – como foi dito anteriormente, Álvaro de Campos, por exemplo, fala muito de si mesmo em seus textos – elas são atribuídas a outros eus, não identificáveis à pessoa do autor.

É o que acontece em "Aniversário", por exemplo, texto que o poeta escreveu em 13 de junho de 1930, dia em que completou 42 anos, mas que traz a data de 15 de outubro, dia do nascimento de Campos (cf. Simões, 1957: 59). Nesse famoso poema, o eu-lírico recorda as comemorações que eram feitas no dia de seu aniversário na época de sua infância. Compara a sua felicidade de antigamente com a solidão de seus dias atuais e lamenta sua própria situação. Ora, todos que leram o clássico *Vida e obra de Fernando Pessoa*, de João Gaspar Simões, sabem que, muito cedo na infância, o poeta sofreu um triplo trauma. Entre os quatro e sete anos de idade, ele perdeu o pai, o irmão, e, finalmente, teve de deixar seu país por conta do casamento de sua mãe com João Miguel Rosa, cônsul português em Durban. Em vista desses fatos, um texto que fala de uma infância feliz e perdida, na qual "ninguém estava morto", remete claramente às experiências próprias de Fernando Pessoa. Entretanto, é Campos que o assina.

Assim, o crítico que desejasse aplicar a teoria clássica sobre a obra de Fernando Pessoa teria sérios problemas. Afinal, como buscar respostas em uma biografia ou em um contexto de produção, quando eles mesmos também são ficcionais? Vários dos poemas de Álvaro de Campos, por exemplo, são supostamente escritos em lugares – Londres, Canal de Suez – onde o próprio Fernando Pessoa nunca esteve. Por outro lado, parte da produção de Caeiro foi escrita em data posterior à sua própria morte.

Quando falamos, entretanto, que o ortônimo é uma figuração do autor dentro da obra, não estamos ingenuamente procurando uma chave de leitura para a heteronímia na vida civil de Fernando Pessoa. Defendemos somente que esse personagem, ao ser figurado em um modelo estético diferente das de seus pares, problematiza a questão da autoria. Procuramos, no presente ensaio, descobrir justamente em que consiste essa problematização e, para isso, no próximo capítulo caracterizaremos a figura do ortônimo, buscando entender quais estratégias são usadas na sua representação.

# 2 O EU COMO FICÇÃO

## 2.1 'Mal de arquivo': O acervo Pessoa

Nas primeiras páginas de *O que é um autor?* Foucault se pergunta o que, de tudo aquilo que um autor escreveu e deixou, deve ser considerado sua obra:

> Quando se empreende, por exemplo, a publicação das obras de Nietzsche, onde é que se deve parar? Será com certeza preciso publicar tudo, mas que quer dizer esse "tudo"? Tudo o que o próprio Nietzsche publicou, sem dúvida. Os rascunhos das suas obras? Evidentemente. Os projetos e aforismos? Sim. As emendas, as notas de rodapé? Também. Mas quando, no interior de um caderno cheio de aforismos, se encontra uma referência, uma indicação de um encontro ou de um endereço, um recibo de lavanderia: obra ou não? Mas por que não? E isto indefinidamente. Como definir uma obra entre os milhões de vestígios deixados por alguém depois da morte? (Foucault, 2009: 38)

Essas, provavelmente, são perguntas que os editores da prosa de Fernando Pessoa frequentemente se fazem. Sabemos que o autor publicou em vida uma fração ínfima de tudo o que escreveu: em livro saíram *Mensagem, English Poems I, II, III, 35 Sonetts* e *O banqueiro anarquista*; na imprensa, por sua vez, saíram artigos, textos críticos, um fragmento do *Livro do desassossego* intitulado "Na floresta do alheamento", além de uma pequena amostragem[1] das diferentes facetas de

---

1. Essa descrição não tem a intenção de diminuir ou negar a importância dessas publicações. Temos consciência de que os textos selecionados para edição por Pessoa são da mais alta qualidade e capazes de dar ao público uma amostra

sua poesia que, como vimos no capítulo anterior, fora reunida, mais tarde, sob o título *Ficções do interlúdio*. Para dificultar a situação dos organizadores e das editoras, grande parte dos textos deixados por ele estão em forma de rascunho. O resultado é que até hoje ainda há uma grande polêmica sobre quais textos devem ser publicados, como fazê-lo e a quais heterônimos atribuí-los.

Logo após a morte de Fernando Pessoa, Luis de Moltalvor e João Gaspar Simões foram designados, pela própria família do poeta, como responsáveis pela organização e publicação de sua obra. A editora Ática foi o veículo usado para divulgar o resultado desse trabalho, e graças a ele o público pôde conhecer minimamente a poesia do grande autor. Se dependesse dos dois editores, entretanto, grande parte dos originais de Pessoa nunca viria a público, uma vez que sua tarefa se limitou à organização dos textos de fácil acesso e boa letra. Hoje, felizmente, já foi convencionado – como nos alerta Foucault – de que não é possível decidir com base em critérios pessoais o que deve e o que não deve ser publicado e que, em se tratando de um grande escritor como Pessoa, tudo é objeto de interesse em sua obra.

No momento, duas grandes editoras se ocupam da organização, edição e publicação das obras completas de Fernando Pessoa. A cada uma delas corresponde um grupo de estudos específico e uma linha editorial diferente. A primeira é a Imprensa Nacional e Casa da Moeda, que assumiu o trabalho de divulgar os resultados obtidos pela Equipa Pessoa – grupo fundado em 1985, de acordo com Ivo Castro, ou em 1988, de acordo com o site da Editora INCA[2] – a partir de um esforço

---

muito interessante das diferentes fases e facetas de sua produção. Em termos percentuais, entretanto, esse material é uma mera fração daquilo que Fernando Pessoa de fato produziu em vida. Daremos um rápido exemplo. Como foi dito no capítulo anterior, há alguns anos, a editora portuguesa Assírio & Alvim decidiu colocar no mercado as obras completas de Fernando Pessoa. O projeto, que hoje é também desenvolvido no Brasil pela Companhia das Letras, já tem 28 volumes (com uma média de 300 páginas cada) publicados, e ainda não foi terminado.
2. O site da INCA, Imprensa Nacional e Casa da Moeda, também explica que Equipa Pessoa – termo usado por Ivo Castro – é um nome familiar para o Grupo de Trabalho para o Estudo do Espólio e Edição Crítica da Obra Completa de Fernando Pessoa.

governamental ligado à Secretaria de Estado da Cultura Portuguesa. A Equipa é formada por estudiosos ligados à crítica genética e tem coordenação de Ivo Castro; do seu quadro fazem, ou fizeram, parte, Cleonice Berardinelli e Jerónimo Pizarro, entre outros. A segunda editora é a Assírio & Alvim, responsável pela publicação dos trabalhos ligados ao grupo de Tereza Rita Lopes. Este, por sua vez, é formado por estudiosos vinculados à Universidade Nova de Lisboa; são especializados em Pessoa, mas não em crítica genética. Alguns nomes da equipe são: Manuela Parreira da Silva, Ana Freitas, Fernando Cabral Martins e a própria Tereza Rita Lopes. Richard Zenith, embora não seja ligado à UNL, faz frequentes contribuições ao grupo.

A principal divergência entre essas duas equipes tem relação com as variantes de autor. Expliquemos. Fernando Pessoa, em seus rascunhos e originais, frequentemente riscava palavras, frases ou versos, substituindo-as por outras versões que lista acima ou abaixo dos termos originais. Essas são as variantes de autor: versões alternativas para certas construções propostas pelo próprio Pessoa. Ora, a Equipa Pessoa acredita que a publicação deve levar em conta a última vontade do autor, ou seja, a última variante elencada por Pessoa. Ivo Castro tem consciência de que esse é um critério artificial, mas argumenta que, na edição de obras polêmicas, um critério ruim ainda é melhor que critério nenhum (Castro, 1990). Tereza Rita Lopes é partidária de uma prática diferente. Cotejando os rascunhos dos textos publicados em vida por Pessoa com as versões desses mesmos textos incluídas em jornais e revistas, ela chega à conclusão de que o autor nem sempre usava a última variante de um verso na publicação final do poema. Há casos, inclusive, em que Pessoa decide mandar para a imprensa a versão inicial do texto, justamente a que havia sido riscada no rascunho original. Para a equipe da UNL, portanto, os versos e palavras alternativas listadas nos originais não seguem uma hierarquia na qual a última versão é sempre a melhor; e a escolha sobre o que utilizar ou não na publicação deve recair sobre o juízo e bom senso do próprio editor.

O que nenhuma dessas duas linhas nos diz é o que dentro da obra de Pessoa deve ser considerado como documento pessoal e o que deve ser considerado como obra de ficção. Fernando Pessoa foi um autor que deixou uma quantidade enorme de documentos nos quais fala de si e de sua obra. E as editoras, na tentativa de dar ao público conhecimento dessa faceta do poeta, lançaram volumes nos quais, nem sempre, distinções claras são feitas entre entradas de diários, cartas, fragmentos autobiográficos ou textos críticos. A Ática publicou, em 1966, o volume *Páginas íntimas e de auto interpretação*, que reúne trechos de diário, planos de obra, cartas e fragmentos ficcionais – sendo que alguns são de autoria dos heterônimos e outros de autoria do ortônimo, ou ainda do Fernando Pessoa autor[3]. Um pouco mais organizada é a divisão que a Assírio & Alvim faz entre os textos pessoais, os críticos e as missivas do autor. Os primeiros saíram sob o título de *Escritos autobiográficos, automáticos e de reflexão pessoal*, os segundos em um livro dedicado exclusivamente à crítica, e o terceiro em dois volumes intitulados singelamente de *Correspondência*. A editora Aguilar, por sua vez, faz uma única diferenciação na publicação da obra de Pessoa, dedicando um volume para prosa e outro para poesia. Finalmente, a INCM prepara a publicação dos *Cadernos* de Fernando Pessoa. Segundo Jerónimo Pizarro, entende-se por cadernos as "[...] agendas, blocos de notas e vários conjuntos de folhas cosidas, atadas ou argoladas [...]" (Pizarro, 2009: 8), ou seja, quaisquer suportes que possam ser considerado um caderno de acordo com um critério tipológico. Alguns poucos cadernos tem uma orientação temática, mas a maioria inclui materiais completamente diversos como "[...] tábuas, desenhos, cálculos, horóscopos, escritos mediúnicos, repetições de palavras [...]" e assim por diante (Pizarro, 2009: 7). A editora os organizou em uma coleção de quatro tomos – da qual somente o primeiro foi publicado. Nos volumes, respeitam-se a cronologia da produção pessoana e a separação em blocos, referentes aos cadernos originais do autor. O primeiro volume, por exemplo, inclui os dez primeiros cadernos de Pessoa. Cada um dos tomos inclui, por sua vez, uma seção dedicada ao aparato genético, na qual o leitor poderá ter acesso às variantes textuais, e uma introdução dedicada a mapear as condições dos originais – ou seja, sua cota na Biblioteca Nacional, o

---

3. Nesse caso, a distinção ainda é impossível.

tipo de suporte em que foi originalmente escrito, o número de páginas e as datas originais, e se foi ou não publicado anteriormente.

Em todas essas edições, vemos uma estranha mistura entre textos que são tradicionalmente considerados como não pertencentes ao gênero ficcional – cartas particulares, artigos de crítica, esquemas de publicação etc. – e textos que claramente fazem parte da ficção heteronímica – fragmentos assinados por Campos ou Reis, aforismos, rascunhos a serem aproveitados em futuras obras, horóscopos dos heterônimos, escritos mediúnicos e assim por diante. O leitor poderia argumentar que é excesso de purismo esperar algum tipo de coesão de papéis como esses. A prosa de Pessoa, muitas vezes desorganizada e caótica, é meramente um espaço de recolha de ideias ao qual não devemos fazer grandes exigências literárias. De fato, esse é o caso dos *Cadernos* publicados pela INCM. As outras editoras, entretanto, entreveem nesse material os esboços de algum tipo de obra – seja ela a crítica ou missivista, como quer a Assírio & Alvim – ou simplesmente de prosa, como propõe a Aguilar. Acreditamos, entretanto, que o hibridismo da prosa pessoana não é mero acaso. Há conjuntos, por exemplo, que não foram elaborados como apontamentos ou rascunhos e que apresentam também esse tipo de característica. Nas próximas páginas, analisaremos uma pequena amostra desse material e acreditamos que, a partir desse processo, seja possível elaborar uma nova classificação, situando essa parte da obra de Pessoa dentro de um gênero específico que dê conta de suas ambiguidades.

## 2.2 Cartas e depoimentos

Começaremos nosso trabalho pela análise da correspondência do poeta. Esse gênero de escrita está bastante bem representado no livro de mesmo nome publicado em dois volumes pela editora Assírio & Alvim, e é a ele que nos dedicaremos aqui. O primeiro dos tomos contempla os anos de 1905 a 1922 e o segundo, os anos de 1923 a 1935, quando se deu a morte do autor. Os livros contêm todas as cartas conhecidas que foram enviadas por Pessoa – inclusive as missivas endereçadas a Ofélia

Queirós e ao pessoal da *Presença*, objetos de publicações em separado em outras casas editoras – mas não inclui os textos que ele recebeu de volta. Isso significa que só temos um dos lados da correspondência de Pessoa, aquele de sua autoria[4].

Ambos os volumes são povoados pelas aparições dos heterônimos. No primeiro, os heterônimos aparecem em torno de dez vezes. Campos assina três cartas: a primeira, que já mencionamos no capítulo anterior, é dirigida ao *Diário de Notícias*, a segunda se endereça ao periódico *A capital*[5] e a terceira a José Pacheco. Por duas vezes, Pessoa inclui observações de Campos em suas cartas a Ofélia. Todas as demais são ocasiões nas quais Pessoa refere-se aos heterônimos como se eles fossem velhos amigos. Nesse primeiro volume, somente Campos e o Sr. Crosse[6] aparecem: "[...] meu velho amigo Álvaro de Campos [...]" (Pessoa, 1999: 347), "[...] o meu amigo o Sr. Crosse [...]" (Pessoa, 1999: 333), são algumas frases que usa nesses casos. Há ainda um exemplo mais grave: em uma de suas cartas a Frank Palmer, editor inglês com quem comenta a publicação da revista *Orpheu* – Pessoa fala de Campos como se ele fosse um colega com quem convive de igual para igual (Pessoa, 1999: 193). Uma única vez Fernando Pessoa faz menção a um heterônimo dando a entender que é responsável por sua produção poética. Em carta a José Pacheco, ele confessa: "Estou em casa das 11/12 em diante, preparando o Álvaro de Campos que ainda falta concluir" (Pessoa, 1999: 250).

No segundo volume da correspondência temos muitos outros exemplos. Ali, os heterônimos aparecem nada menos do que 26 vezes.

---

4. Várias das publicações dedicadas à correspondência desse autor padecem desse mesmo problema. Também em *Cartas de amor de Fernando Pessoa*, organizadas por David Mourão Ferreira e no volume *Cartas de Fernando Pessoa a João Gaspar Simões*, editadas pelo próprio, temos somente as cartas enviadas por Pessoa, mas não as suas respostas.
5. Foi essa carta mal educada de Campos que deu origem à ruptura entre os primeiros membros da *Revista Orpheu*.
6. Em *Pessoa por conhecer*, Teresa Rita Lopes explica que A.A. Crosse era um charadista e cruzadista e não deve ser confundido com Thomas Crosse, inglês que se ocupava com a divulgação da cultura portuguesa no exterior, ou com seu irmão I.I. Crosse, defensor de Campos e Reis na Inglaterra (Lopes, 1990: 128).

Campos assina um telegrama e duas cartas[7]. Mas em todas as demais ocorrências – com a exceção de quatro casos que comentaremos mais à frente – temos Pessoa falando dos heterônimos como seres vivos e se incluindo entre eles, a exemplo do que acontece no trecho a seguir: "Envio-lhe quatro composições breves: uma é do Álvaro de Campos, outra minha; do Ricardo Reis vão duas, para que escolha a que prefere. Do extinto Alberto Caeiro não pude obter composição alguma, pois os parentes, ou testamenteiros, me não facultaram o traslado" (Pessoa, 1999: 131). É importante ressaltar que, nessas ocasiões, ortônimo e heterônimos são sempre distinguidos um dos outros: "Envio-lhe, junta, a colaboração quase toda (minha) para o próximo número da *Presença*. Vai a de Fernando Pessoa, a de Ricardo Reis e a de Álvaro de Campos. Esqueci-me de trazer para a Baixa, para passar a limpo, a de Alberto Caeiro" (Pessoa, 1999: 237).

O volume inclui muito da correspondência que foi trocada entre Pessoa e seus editores, e na discussão de publicações, o autor algumas vezes se trai, dando a entender que de fato escreve a obra heterônima. Somente quatro casos se encaixam nessa descrição e mesmo esses momentos não estão livres de ambiguidade: "Obtida a devida autorização do Sr. Engenheiro Álvaro de Campos, mando-lhe o *poema que escrevi* entre as estações da Casa Branca e Barreiro A [...]" (Pessoa, 1999: 192, grifos nossos); "Em todo o caso, nesta revisão dos *meus papéis*, vou achando e arrumando o que *pertence ao Caeiro*" (Pessoa, 1999: 270, grifos nossos).

A presença dos heterônimos na correspondência de Fernando Pessoa cumpre uma série de funções diversas. O missivista utiliza-os como desculpa para faltas pessoais, como na ocasião em que negligenciou a correspondência com José Régio ele explica: "A estada em Lisboa – mais demorada do que agradável – do Álvaro de Campos, abominavelmente polirrítmico, tem-me trazido, como é natural e lógico, fora de mim" (Pessoa, 1999: 135). Também transfere a eles tarefas suas, como na ocasião em que José Régio lhe propõe uma enquete sobre

---

[7]. O leitor verá, mais à frente, que embora esse seja o número de cartas que de fato traz seu nome no final da página, é possível que ele seja autor de uma terceira missiva, assinada, por engano, por Fernando Pessoa.

cinema, ele responde: "Não sei se serei eu, se o Álvaro de Campos, se ambos quem terá opiniões sobre o cinema" (Pessoa, 1999: 150). E é possível até que tenha legado a Campos, em particular, o trabalho de pôr fim ao relacionamento amoroso que mantinha com Ofélia Queirós. Veremos como isso se deu algumas páginas adiante.

O rápido levantamento que fizemos acima mostra que, mesmo em um texto tradicionalmente não ficcional, publicado provavelmente com um intuito crítico – o de aproximar os leitores comuns do dia a dia do autor ou o de dar ao leitor crítico dados e informações sobre a composição de poemas importantes –, há aparições dos heterônimos. E é forçoso reconhecer que situações como essas colocam em questão o caráter documental das cartas de Pessoa. E de fato, alguns momentos da correspondência pessoana são reconhecidos pela crítica como claramente ficcionais[8]. É nossa intenção, no que resta desse subcapítulo, determo-nos em dois desses momentos, procurando, em cada um deles, diferentes modos de ficcionalização do eu. São eles: a carta sobre a gênese dos heterônimos e a correspondência amorosa de Pessoa.

Um dos principais depoimentos que Fernando Pessoa dá sobre o fenômeno da heteronímia pode ser encontrado em uma carta escrita a Adolfo Casais Monteiro em 13 de janeiro de 1935. O texto é composto a partir de respostas a questões de cunho literário propostas pelo, então, jovem diretor da *Presença*. Dirigidas a uma geração mais nova, em uma data não muito anterior a de sua própria morte, que sobreveio em 30 de novembro daquele mesmo ano, as declarações de Pessoa, nessa carta, poderiam ser entendidas como um testamento literário deixado à posteridade. No texto, depois de comentar o prêmio recebido pela *Mensagem*, e esboçar um novo plano de publicação de suas obras, Pessoa passa a falar sobre a gênese dos heterônimos. Segundo ele, escrever sob personalidades alheias sempre fora um hábito seu, e desde a infância se cercou de amigos imaginários, sob o nome dos quais compunha textos. Os primeiros, como já foi dito, foram Chevalier de Pas – que escrevia cartas ao menino Pessoa – e seu adversário Capitaine Thibeaut.

---

8. A *Correspondência inédita de Fernando Pessoa*, volume de cartas publicado no início dos anos 90 pela Assírio & Alvim coloca, por exemplo, em apêndice as missivas pessoanas consideradas como ficcionais pelos editores.

Depois vieram outros, que não são mencionados pelo autor nessa carta, mas que são conhecidos de todos: Doutor Pancrácio, Charles Anon, Alexander Search...

A narrativa sobre o surgimento de Caeiro, Reis e Campos, entretanto, não procura encaixá-los dentro dessa cronologia; muito pelo contrário, descreve a aparição dessas três figuras como uma experiência totalmente única e original. De acordo com Pessoa, eles surgiram numa espécie de êxtase criativo, que lembra um pouco uma experiência de possessão divina:

> [...] lembrei-me um dia de fazer uma partida ao Sá-Carneiro – de inventar um poeta bucólico, de espécie complicada, e apresentar-lho, já me não lembro como, em qualquer espécie de realidade. Levei uns dias a elaborar o poeta, mas nada consegui. Num dia em que finalmente desistira – foi em 8 de Março de 1914 – acerquei-me de uma cômoda alta, e, tomando um papel, comecei a escrever, de pé, como escrevo sempre que posso. E escrevi trinta e tantos poemas a fio, numa espécie de êxtase cuja natureza não conseguirei definir. Foi o dia triunfal da minha vida, nunca poderei ter outro assim. Abri com um título, "O Guardador de Rebanhos". E o que se seguiu foi o aparecimento de alguém em mim, a quem dei desde logo o nome de Alberto Caeiro. Desculpe-me o absurdo da frase: aparecera em mim o meu mestre. Foi essa a sensação imediata que tive. E tanto assim que, escritos que foram esses trinta e tantos poemas, imediatamente peguei noutro papel e escrevi, a fio, também, os seis poemas que constituem a "Chuva oblíqua", de Fernando Pessoa. Imediatamente e totalmente... Foi o regresso de Fernando Pessoa, Alberto Caeiro a Fernando pessoa ele só. Ou melhor, foi a reação de Fernando Pessoa contra a sua inexistência como Alberto Caeiro.

> Aparecido Alberto Caeiro, tratei logo de lhe descobrir – instintiva e subconscientemente – uns discípulos. Arranquei do seu falso paganismo o Ricardo Reis latente, descobri-lhe o nome, e ajustei-o a si mesmo, porque nessa altura já o via. E, de repente, e em derivação oposta à de Ricardo Reis, surgiu-me impetuosamente um novo indivíduo. Num jacto, e à máquina de escrever, sem interrupção nem emenda, surgiu

a "Ode Triunfal" de Álvaro de Campos – a Ode com esse nome e o homem com o nome que tem.

Criei então uma *côterie* inexistente. Fixei aquilo tudo em moldes de realidade. Graduei as influências, conheci as amizades, ouvi, dentro de mim, as discussões e as divergências de critérios, e em tudo isto me parece que fui eu, criador de tudo, o menos que ali houve. Parece que tudo se passou independentemente de mim. E parece que assim ainda se passa. (Pessoa, 1999: 343-344)

O trecho é bem conhecido de todos, e vários estudiosos já contestaram sua veracidade. A crítica genética, em especial, utiliza-se de documentos e rascunhos do autor para mostrar que o surgimento dos heterônimos se deu de uma forma bem mais calma e estudada do que Pessoa quer nos fazer crer nesse relato. Em *Editar Pessoa*, por exemplo, Ivo Castro esclarece que o livro *O Guardador de rebanhos* não foi escrito de um só fôlego e muito menos em um único dia. Pessoa gastou pelo menos dois meses em uma versão primitiva do texto, contendo 29 poemas, e ao longo da vida, corrigiu e aumentou esse material inicial. Entre março e maio de 1914, houve dias em que o autor chegou a compor até seis poemas em sequência, mas nunca escreveu trinta e tantos poemas de uma vez, como diz o relato.

É possível que as divergências entre o que relata Pessoa e o que realmente aconteceu sejam fruto dos lapsos da memória, problemas completamente esperados, dado o hiato de quase vinte anos que separa o acontecido do narrado. É possível também que o depoimento traduza não a verdade dos fatos em seus detalhes comezinhos, mas a maneira geral pela qual o autor entendeu o acontecimento. Não é incomum que, depois de lutar por muito tempo com um texto ou com uma ideia que lhe vem à mente, um escritor ou artista finalmente sinta que as dificuldades iniciais desse novo trabalho comecem a ceder. Pode-se dizer até que, retrospectivamente, esse momento específico ganhe tanta importância que o trabalho que o precedeu passe a ser ignorado ou visto como desimportante pelo artista criador. Talvez seja esse o caso de Pessoa.

Comparando o relato sobre a origem dos heterônimos com a análise genética feita por Ivo Castro, constatamos que eles não são tão díspares assim, e que é muito possível que a carta a Casais Monteiro seja, simplesmente, uma versão afetiva e pessoal dos fatos verdadeiros. Lembremos, por exemplo, que do depoimento registrado acima, Pessoa remonta a origem da obra de Caeiro a uma *explosão criativa*. O que normalmente caracteriza um fenômeno dessa natureza é uma produção intensa em um curto espaço de tempo. Ora, cremos que essa descrição se aplica perfeitamente ao processo de que nos fala Ivo Castro, afinal, dois meses ainda é um espaço de tempo incrivelmente curto para a redação de uma obra da magnitude d'*O Guardador de Rebanhos*.

Também é verdade que os heterônimos surgiram em bloco. Talvez não em um único dia, mas em um intervalo de tempo relativamente pequeno. A *Obra poética* de Fernando Pessoa registra vários textos de Reis e Campos escritos em 1914, sendo que o segundo, já no início de 1915, começa a aparecer na imprensa[9]. "Opiário" e "Ode triunfal" são publicados no primeiro volume da revista *Orpheu* e, logo em seguida, uma carta de autoria do engenheiro, com comentários sobre o volume, é dirigida ao *Diário de notícias*, de Lisboa.

Os textos de Campos, embora sejam as únicas manifestações heteronímicas que vieram a público durante certo tempo, dão a entrever que ele não está sozinho, mas faz parte de uma *coterie* maior. Os dois poemas publicados em sequência nas páginas da Revista *Orpheu* dão exemplo disso. Os textos são bem diferentes um do outro: o primeiro é em versos decassílabos, tem rimas bem marcadas e, em geral, lembra o tom decadentista do final do século XIX; o segundo é escrito em versos livres, não tem rimas e procura se associar aos movimentos de vanguarda como o futurismo e o sensacionismo. A mudança de um para o outro é fruto da influência de Caeiro. Tendo lido esse poeta, o engenheiro já não podia mais escrever como antes. Assim, tanto o manuscrito d'*O Guardador de Rebanhos*, como as publicações na imprensa revelam que os heterônimos nasceram de uma maneira bastante

---

9. Reis só veio a público muitos anos depois, com uma seleção de odes publicadas na revista *Athena* em 1 de outubro de 1924.

parecida àquela descrita por Pessoa em seu relato a Casais Monteiro: surgiram em bloco, dentro de um sistema com hierarquias e oposições bem definidas. Desse modo, podemos asseverar que as ressalvas de Ivo Castro dificilmente invalidam a carta sobre a gênese dos heterônimos naquilo que ela tem de principal.

Nós, entretanto, somos partidários de uma tese diferente. Não acreditamos que as divergências entre o relato de Pessoa e o que de fato aconteceu se devam a lapsos ou a uma visão emocional do acontecido. Sabemos que o autor da *Mensagem* sempre teve muito cuidado em guardar adequadamente seus rascunhos e originais[10], e que caso ele não se lembrasse corretamente dos detalhes concernentes à primeira produção de Caeiro, bastava consultar seus documentos pessoais. De modo que concordamos com Eduardo Lourenço quando ele argumenta que é ingênuo avaliar o relato Fernando Pessoa com vistas ao que de fato aconteceu. Para ele, pouco importa se a gênese dos heterônimos se deu ou não exatamente da maneira descrita, afinal a carta sobre a origem dos heterônimos tem um valor mítico, e não factual.

Uma série de pequenos elementos do relato vem comprovar essa tese. Pessoa descreve o surgimento dos heterônimos como uma possessão, aos moldes do que acontece em uma experiência espiritual intensa. E, de fato, sua atitude para com o acontecimento é toda reverente: quando se põe a escrever, adota a postura de quem está frente a uma presença superior[11], assumindo uma posição de pé; além disso, lembra a data do ocorrido, 8 de março de 1914, com a precisão daqueles que se lembram de um feriado, dia santo ou aniversário especial. Mas principalmente, nessa carta, Pessoa lança algumas bases para a interpretação da heteronímia como um todo. Como foi dito, ele faz com que, aqui, Caeiro, Reis e Campos apareçam, desde seu início, em

---

10. Como foi dito no capítulo anterior, é justamente por isso que os editores enfrentam tanta dificuldade em organizar a obra de Pessoa. O cuidado do autor em preservar seus originais era tamanho que se estendia até a pequenos bilhetes, notas ou rascunhos anotados em guardanapos.
11. Quem nos chamou a atenção para esse fato foi Fernando Cabral Martins, em uma das aulas da disciplina de Estudos Pessoanos, da qual tivemos o prazer de participar durante o primeiro semestre de 2010, na Universidade Nova de Lisboa, em Portugal.

um conjunto de relações pré-determinadas. A dinâmica entre eles não muda ou evolui, mas permanece estática como em um quadro[12]. E parece ter sido justamente essa a proposta do autor. No final da vida, ao discutir com João Gaspar Simões, seu futuro editor, Pessoa revela que é sua intenção publicar inicialmente Reis, Caeiro e Campos em bloco, ou seja, em um único volume sob o título de *Ficções do interlúdio*. Para ele era importante que o leitor pudesse "[...] compreender o início da 'escola': as obras do Mestre e algumas do discípulo directo, incluindo (nas *Notas*) alguma coisa já do outro discípulo" (Pessoa, 1999: 271). Embora esse projeto não tenha sido posto em prática, seu núcleo principal foi preservado pelos primeiros editores d' *O Guardador de Rebanhos*, que o publicaram junto com um prefácio de Reis e um posfácio de Campos.

Levando tudo isso em consideração, somos forçados a concluir que, nessa carta em especial, representar os fatos conforme eles de fato se deram não é uma questão. A prioridade de Pessoa, nesse texto, foi lançar as bases interpretativas para sua obra, deixando um legado mítico-literário a seus futuros leitores, representados, na missiva, pela pessoa do jovem Adolfo Casais Monteiro. De modo que, para Pessoa, e para nós leitores, deve importar menos o que realmente aconteceu do que a maneira idealizada, devemos admitir, que o escritor figura a aparição dos heterônimos. Para nós, aqui, é particularmente importante o fato de que, nessa figuração, o autor nada mais é do que um palco no qual os heterônimos representam seus respectivos papéis: o Pessoa civil se anula para dar lugar aos seres de papel que povoam sua mente.

Se literariamente, entretanto, esse processo é interessante, o mesmo não é verdade quando o palco de ação dos heterônimos passa a ser a vida pessoal do poeta. Na correspondência entre Fernando Pessoa e Ofélia de Queirós – conhecidamente a única mulher com quem o escritor se relacionou amorosamente em toda a vida – podemos constatar uma figuração heteronímica particularmente desastrada. Nas cartas que escreveram os namorados, e que englobam dois períodos muito distintos, separados por um grande espaço de tempo – o primeiro vai

---

12. Baseando-se nessa mesma premissa, alguns críticos preferem aproximar a heteronímia de um drama. É esse o caso de, entre outros, Augusto Seabra, em *Fernando Pessoa, o poetodrama*.

de março de 1920 a novembro do mesmo ano e o segundo, de setembro de 1929 a janeiro de 1930 – constatamos, frequentemente, a presença do Senhor Crosse e de Álvaro de Campos[13], que tem, nesse contexto, um papel importante, mas talvez não muito feliz.

Para quem não conhece, a primeira dessas figuras se ocupa em participar de concursos de charadas patrocinados pelos jornais ingleses. Não é sem razão que é um importante personagem das cartas de amor entre Ofélia e seu namorado, afinal prometeu ao último que, caso ganhe um bom prêmio com a resolução de charadas, dará a ele o dinheiro para mobiliar adequadamente o apartamento do novo casal. Os percalços do Senhor Crosse são então acompanhados com ansiedade pelos dois amantes, que embora reconheçam a ficcionalidade desse amigo, não deixam de se interessar por suas façanhas no jornal. Assim, Fernando Pessoa sempre mandas notícias dele à Ofélia: "Adeus, amor; não te esqueças do sr. Crosse, não? Olha que ele é muito nosso amigo e pode ser-*nos* (a nós) muito útil" (Pessoa, 1999, v. 1: 324, grifos do autor); "O meu amigo, não A.A. Crosse: está de saúde – uma libra de saúde por enquanto, o bastante para não estar constipado" (Pessoa, 1999, v. 1: 333).

Outro personagem que aparece nessa correspondência é Álvaro de Campos. O engenheiro escreve para Ofélia Queirós em lugar de seu amigo com certa constância e dá palpites, nem sempre convenientes, no relacionamento dos dois. É compreensível, pois, que a namorada de Pessoa nutrisse pelo autor da "Ode triunfal" uma grande antipatia, chegando a dizer em conversa pessoal: "Detesto esse Álvaro de Campos" (Mourão-Ferreira, 1994: 38). Novamente os dois amantes falam do engenheiro como se fosse uma pessoa real: "Obtida a devida autorização do srn. eng. Álvaro de Campos, mando-lhe o poema que escrevi entre as estações da Casa Branca e Barreiro A, terminando a inspiração, entretanto, na Moita" (Pessoa, 1999, v. 2: 192).

---

13. Para mais detalhes sobre o relacionamento entre Fernando Pessoa e Ofélia Queirós, o leitor pode consultar o prefácio do livro *Cartas de amor de Fernando Pessoa*, no qual a própria Ofélia faz um relato do período em que os dois se conheceram.

Uma única vez Álvaro de Campos escreve uma carta completa à Ofélia Queirós e cremos ser importante transcrevê-la aqui, de modo a poder analisar suas particularidades. Assim escreve Campos:

Exma. Senhorita D. Ophelia Queirós:

Um abjeto e miserável indivíduo chamado Fernando Pessoa, meu particular e querido amigo, encarregou-me de comunicar a V. Ex$^a$ -- considerando que o estado mental dele o impede de comunicar qualquer coisa, mesmo a uma ervilha seca (exemplo da obediência e da disciplina) – que V. Ex$^a$ está proibida de:

(1)  pesar menos gramas,
(2)  comer pouco,
(3)  não dormir nada,
(4)  ter febre,
(5)  pensar no indivíduo em questão

Pela minha parte, e como íntimo e sincero amigo que sou do meliante de cuja comunicação (com sacrifício) me encarrego, aconselho a V. Ex$^a$ a pegar na imagem mental, que acaso tenha formado do indivíduo cuja citação está estragando este papel razoavelmente branco, e deitar essa imagem mental na pia, por ser materialmente impossível dar a esse justo Destino à entidade fingidamente humana a quem ele competiria, se houvesse justiça no mundo. Cumprimenta V. Ex$^a$ Álvaro de Campos eng. naval. (Pessoa, 1999, v. 2: 163 e 164)

Aqui vemos Álvaro de Campos, personagem favorito do poeta português, falando sobre seu amigo ortônimo. Marcam esse texto o seu estilo, seu desprezo pelo poeta que o criou e talvez, também, sua intenção de atrapalhar o relacionamento dos namorados aconselhando Ofélia "a pegar na imagem mental, que acaso tenha formado do indivíduo cuja citação está estragando este papel razoavelmente branco, e deitar essa imagem mental na pia [...]" Tudo nos leva a crer que o texto acima tenha sido composto a partir de bases reais, sendo uma resposta a uma possível doença de Ofélia. As recomendações feitas a ela pelo engenheiro que a proíbe de emagrecer, ter febre etc. indicam claramente isso. Podemos acrescentar ainda que essa missiva foi escrita às vésperas do segundo, e definitivo, rompimento do casal e que talvez, a tensão que precedeu esse momento, tenha sido justamente a causa dos problemas da namorada.

A primeira publicação desse material, feita por David Mourão-Ferreira, saiu com o nome de *Cartas de amor de Fernando Pessoa* e trouxe um prefácio de Ofélia Queirós, no qual relatou sua versão do relacionamento com Pessoa. Nesse texto, ela não comentou nada em particular a respeito do episódio descrito acima, mas – como foi dito anteriormente – expressou uma enorme antipatia por Campos. E, de fato, é fácil imaginar que a carta transcrita acima, enviada justamente em um momento tão delicado, não tenha sido muito bem acolhida pela namorada. Difícil é saber se esse movimento foi calculado por parte de Pessoa, com o propósito de magoar Ofélia, ou se ela era uma mera brincadeira. João Gaspar Simões e Antonio Tabucchi parecem ser partidários da primeira opção, e com base nela culpam Campos pelo rompimento que aconteceu, não muito depois, entre os dois namorados.

É difícil saber como os demais remetentes das cartas de Pessoa se sentiam a respeito da intromissão dos heterônimos em textos que deveriam ser documentais, principalmente porque, como foi dito, os livros *Correspondência* (1905-1922) e *Correspondência* (1923-1935) trazem somente as cartas enviadas por Pessoa, mas não as que ele recebeu de volta. Podemos, entretanto, citar pelo menos dois tipos diferentes de recepção pelos colegas do meio literário. A primeira delas pode ser remetida ao grupo *Orpheu* e a segunda ao grupo da *Presença*.

No que restou da correspondência entre Mário de Sá-Carneiro[14] e Fernando Pessoa, percebe-se que o poeta das *Confissões de Lúcio* participa com prazer no jogo da heteronímia. Se Fernando Pessoa se refere a Caeiro, Reis e Campos como amigos, Sá-Carneiro não demora a adotá-los também enquanto tal: manda lembranças a Caeiro e Reis – "Saudações ao nosso Alberto Caeiro" (Sá-Carneiro, s.d.: 150); "As minhas sinceras felicitações pelo nascimento do Exmo. Senhor Ricardo Reis,

---

14. Sabe-se que metade da correspondência trocada entre os dois amigos, as cartas que Fernando Pessoa enviou a Sá-Carneiro, foi irremediavelmente perdida. Um relato completo de como isso ocorreu se encontra no prefácio da edição *Cartas a Fernando Pessoa* (Sá-Carneiro, 1979).

por quem fico ansioso de conhecer as obras" (Sá-Carneiro, s.d.: 155) – e expressa simpatia especial por Campos – "devo dizer-lhe que simpatizo singularmente com esse cavalheiro [Álvaro de Campos]" (Sá-Carneiro, s.d.: 161). Mais ainda, em seus comentários críticos, Sá-Carneiro toma o cuidado de mencionar as obras desses autores, como independentes das de Fernando Pessoa: "Minha admiração pelas odes do nosso Ricardo Reis" (Sá-Carneiro, s.d.: 159); "Tenho pena que o Caeiro não entre para o pauísmo" (Sá-Carneiro, s.d.: 162).

Infelizmente, como explicamos anteriormente, não temos dados para mapear as ocorrências do aparecimento dos heterônimos nos outros relacionamentos epistolares mantidos pelo poeta. Entretanto, dois episódios específicos mostram que o jogo heteronímico foi recebido de uma maneira completamente diferente pelos intelectuais da revista *Presença*. O primeiro se deu com Adolfo Rocha – escritor que mais tarde veio a ser conhecido literariamente pelo pseudônimo de Miguel Torga – e o segundo com o próprio José Régio – provavelmente, o principal expoente da revista.

Rocha/Torga, na ocasião da primeira publicação de seu livro *Rampa*, enviou um exemplar a Fernando Pessoa. Esse último respondeu ao presente com uma carta na qual fez um rápido comentário crítico sobre o trabalho, e deixa claro que, apesar de apreciar essa obra inicial, acha-a imatura. Adolfo Rocha fica muito ofendido com essa opinião e reage com uma missiva mal educada, na qual critica duramente, mas sem muita organização, os critérios da avaliação pessoana. A Gaspar Simões, Pessoa confessa que havia transferido a redação da resposta que deu a Rocha "[..] para o sr Eng. Álvaro de Campos, cujo talento para concisão muito sobreleva o meu (Pessoa, 1999, v. II, 213)"[15]. Ao explicar melhor suas posições em uma missiva seguinte, Pessoa deixa de fora a intervenção de Campos[16] (Pessoa, 1999: 412, *apud* Silva,

---

15. Em *Correspondência* (1923-1935) a carta a Adolfo Rocha vem assinada por Fernando Pessoa. Mas como, em duas ocasiões diferentes, o poeta afirma que escreveu essa missiva específica sob o nome de Campos, acreditamos que, nesse caso, o nome Fernando Pessoa, ao final do texto, seja fruto de um erro de edição.
16. Segundo a nota que acompanha essa última carta, não se sabe se ela chegou a ser enviada ou não (Pessoa, 1999: 412).

*Correspondência Inédita*, 1996: 82). Não é difícil imaginar que irritação de Rocha tenha surgido, não só por conta da crítica que recebeu seu livro, mas também pelo fato de que essa foi assinada por Campos. O jovem autor provavelmente sentiu que, ao passar a redação da carta para Campos, Pessoa dava mostras de falta de interesse ou mesmo de falta de respeito por seu novo livro.

José Régio é outro que se magoa por conta das intervenções de Campos. Em *Retratos de poetas que conheci*, Gaspar Simões narra que seu primeiro contato com Pessoa foi através de carta. Estudando em Coimbra, só veio conhecer o poeta pessoalmente quando foi a Lisboa participar do Primeiro Salão de Independentes, em 1930. Nessa ocasião, Carlos Queirós, poeta e sobrinho de Ofélia Queirós, antiga namorada de Pessoa, organizou um encontro entre eles. Entretanto, para a surpresa de Gaspar Simões e de seu companheiro José Régio, quem apareceu à reunião foi Álvaro de Campos. O primeiro achou graça na representação de Pessoa, o segundo, entretanto, ofendeu-se com a brincadeira. Ao contrário de Adolfo Rocha, Régio não deu manifestações escritas do seu desagrado, mas diminuiu drasticamente o contato epistolar que mantinha com o poeta. Entre janeiro de 1928, data da primeira carta que Pessoa escreve a José Régio, e junho de 1930, data do encontro, Pessoa havia escrito a Régio onze cartas. Depois dessa ocasião, temos notícia de somente uma epístola do poeta dirigida a ele, por ocasião da publicação do livro *O jogo da cabra cega*[17]. Isso não impediu Pessoa de continuar a pedir notícias e mandar lembranças ao jovem poeta da *Presença* por meio do colega em comum, Gaspar Simões.

No capítulo anterior, vimos que separar teoricamente Fernando Pessoa autor do Fernando Pessoa personagem dá conta de resolver a ambiguidade de grande parte da ficção heteronímica. Essa divisão, entretanto, não funciona para os textos descritos aqui. O ser que fala nas cartas acima não é o ortônimo, é o próprio Pessoa homem civil – o namorado de Ofélia, o amigo de Sá-Carneiro, o funcionário de

---

17. Infelizmente, somente é possível computar as cartas escritas por Pessoa, uma vez que as de Régio não estão disponíveis em publicação. Mas é justo imaginar que o esfriamento das relações teve origem em Régio, e que Pessoa tenha deixado responder às suas cartas, simplesmente porque elas deixaram de vir.

escritório, o escritor e correspondente da *Presença*. Mas embora esse homem de carne e osso assine essas cartas nas quais fala de si e de sua vida cotidiana, o que diz não pode ser entendido como uma vivência totalmente colada à realidade. É imperioso, portanto, elaborar uma nova interpretação que dê conta também desse material deixado de lado pelos críticos.

A nosso ver, isso só poderá ser alcançado através de uma estratégia pouco usual, que é contrastar o material analisado com exemplos retirados de narrativas contemporâneas. A verdade é que a proposta de Pessoa se aproxima muito da de alguns escritores contemporâneos. A seguir, buscaremos através do cotejo com tais experiências uma maneira de compreender o que julgamos ser um aspecto vanguardista da obra de Pessoa. Podemos adiantar que os textos a serem abordados nos parágrafos seguintes, que usaremos aqui como amostra de uma perspectiva maior, propõem, como em Pessoa, uma confusão de planos no qual, vida e obra, ou ainda, elementos do romance e da autobiografia se misturam indistintamente.

## 2.3 Vertigens do eu

Quando pensamos nos enigmas e dificuldades propostos pelos impasses descritos acima, somos levados, imediatamente, a considerar certas experiências literárias comuns à contemporaneidade. Estamos falando de textos que questionam a identidade de seus protagonistas, situando-os em um não lugar entre a verdade e a ficção. Deteremo-nos aqui em três exemplos distintos, sendo que cada um deles tem algo a acrescentar à nossa discussão sobre Pessoa. O primeiro deles é a autobiografia *Roland Barthes por Roland Barthes* do crítico e escritor francês Roland Barthes; o segundo é o livro *Infância*, do recente ganhador sul-africano do prêmio Nobel, J. M. Coetzee, e o terceiro é o romance *Vertigem*, de autoria do alemão, radicado na Inglaterra, W. G. Sebald.

Como o próprio nome já dá a entender, *Roland Barthes por Roland Barthes* é um texto de viés autobiográfico que, a princípio, assume-se como tal. No livro, o autor fala de suas experiências particulares, de seu relacionamento com as artes e com o mundo acadêmico, além das suas obsessões literárias. Autor e protagonista estão claramente identificados um com o outro. O Roland Barthes que figura no livro é o autor de *S/Z* e de *O grau zero da escritura*, entre seus interesses literários podemos contar Proust, o Marquês de Sade e a poesia haicai japonesa. Na juventude sofreu de tuberculose, passou vários anos internado em um sanatório. Todos esses dados são atribuíveis ao autor do livro. Também as fotos comentadas que aparecem na introdução, e que funcionam como paratexto do livro, são de Roland Barthes e de sua família.

Isso, entretanto, não é o suficiente para tornar *Roland Barthes por Roland Barthes* uma biografia, uma vez que o enquadramento narrativo do texto é tipicamente romanesco. Logo depois do índice, junto aos agradecimentos, o leitor encontrará a seguinte frase a título de epígrafe: "Tudo isto deve ser considerado como dito por uma personagem de romance" (Barthes, 2003: 11). E de fato, no texto, não parece que a narrativa do eu se debruce sobre ele mesmo, mas sim sobre um outro sujeito, estranho e desconhecido. No corpo do livro isso é reforçado pelo uso da terceira pessoa, mas mesmo na introdução, em que predomina a primeira pessoa, os indivíduos que aparecem sorrindo nas fotos são um mistério, e que o narrador cerca de perguntas buscando compreendê-las. Ou seja, em *Roland Barthes por Roland Barthes*, apesar de haver uma coincidência formal entre autor e protagonista (e em certos momentos, entre o narrador também), essas diferentes instâncias adotam diferentes perspectivas, não podendo ser totalmente identificadas umas com as outras. O resultado é um texto romanesco que contém, entre muitas outras coisas, elementos autobiográficos, marcados, por sua vez, através de estratégias incrivelmente realistas – adoção do nome próprio, inclusão de fotos de família, por exemplo – que simulam uma continuidade entre vida e literatura.

Em *Infância*, J. M. Coetzee narra em terceira pessoa a história de um menino crescendo em meados do século XX, no interior da África do Sul. A vida familiar, as atividades escolares, as poucas brincadeiras e as muitas leituras que compõem o dia a dia dessa criança sensível são aqui descritas sempre no presente, com um enfoque que lembra muito o dos romances de formação. A perspectiva se limita à do protagonista infantil, de modo que a narrativa não dá muitos detalhes que tornem os acontecimentos ou os demais personagens da história identificáveis a partir de outros referenciais. O resultado é que pai, mãe, irmão e menino são conhecidos principalmente por esses epítetos. Isso não significa que haja ternura no estilo de Coetzee, muito pelo contrário. Os episódios – alguns deles incrivelmente cruéis, como, por exemplo, aquele que narra a morte do cachorro da família, ou a ocasião em que o protagonista faz com que seu irmão mais novo perca um dedo em uma moedeira – são expostos sem qualquer simpatia ou piedade para com os que deles participaram.

Por essa rápida descrição já é possível identificar alguns dos principais elementos da ficção contemporânea. Mas *Infância* não deve ser precipitadamente lida enquanto tal. Afinal, depois de algo avançado na narrativa, o leitor perceberá que o protagonista da história não é ninguém menos que o próprio autor e será levado a concluir que está frente a um tipo novo e diferente de autobiografia. Esse dado crucial, que já havia sido insinuado logo no início do texto por conta das semelhanças entre a vida de um e de outro, é assumido pela narrativa quando, em um encontro de família, os Coetzee são identificados por esse nome

Phillipe Lejeune, crítico francês e autor de *O pacto autobiográfico*, coleção de ensaios em torno do tema, define o gênero nas seguintes palavras: "narrativa retrospectiva em prosa que uma pessoa real faz de sua própria existência, quando focaliza sua história individual, em particular a história de sua personalidade" (Lejeune, 2008: 14). Explica também que diferenciamos uma autobiografia de um romance a partir de um acordo entre leitor e autor: quando lemos uma autobiografia assumimos que autor, narrador e protagonista são uma mesma pessoa, e a isso ele denomina *pacto autobiográfico*. A identificação dessas três categorias em uma só é feita com base em certas estratégias textuais: a conformidade entre o nome registrado na capa do livro e o do narrador-protagonista, por exemplo, é uma delas; títulos ou subtítulos como *Memórias*, *Confissões* etc., que fazem referências ao campo da escrita do eu é outra.

*Infância* faz parte de uma trilogia maior composta por mais duas outras narrativas, *Juventude* e *Verão*, que seguem, por sua vez, o mesmo padrão do primeiro livro, acompanhando seu protagonista nas fases seguintes de sua vida. Nesse sentido, pode ser entendida como parte da narrativa de uma vida, como especifica Lejeune. Sua perspectiva, entretanto, não é a do adulto que se debruça sobre o próprio passado, e dificilmente poderia ser entendida como retrospectiva. A identificação entre autor e protagonista, durante a maior parte do livro, é somente parcial [18], o que leva o leitor a um olhar romanesco sobre fatos que não pertencem necessariamente a essa categoria.

Guardadas as devidas proporções, esses dois casos apresentam questões semelhantes às que encontramos na obra de Pessoa. Vimos que, na sua prosa, é possível que textos documentais revelem-se fictícios e textos ficcionais revelem um caráter documental. Até então, essas interpenetrações do biográfico no ficcional, e vice-versa, têm sido bastante desprezadas tanto por críticos como por leitores. Parece que a mitologia pessoana se impôs sobre o público com tal poder que discrepâncias como essas, que chamariam a atenção em qualquer outra circunstância, passaram a ser vistas como comuns. Nossa tentativa de aproximar Pessoa de autores com propostas a princípio tão diferentes da dele visam justamente recuperar, sob um olhar filtrado pelo contemporâneo, a estranheza das estratégias presentes em sua prosa[19]. Nela, a questão da identidade, da biografia, do jogo ficcional apresentou-se de uma maneira totalmente nova para a época. E talvez só agora, em face às mais recentes produções da contemporaneidade, poderemos

---

18. Em "O pacto autobiográfico (Bis)", Lejeune aventa a hipótese de textos que tenham uma identificação parcial entre autor e protagonista. Durante sua maior parte, é essa a sensação que *Infância* transmitirá. Como Coetzee se utiliza principalmente de suas iniciais J.M., o leitor reconhece que o menino Jonh poderia ser uma figuração do autor.

19. Essa estratégia foi inspirada pelas proposições de Chklovski, em "A obra de arte como procedimento". Nesse artigo, o autor – que é um dos grandes representantes do Formalismo Russo – explica que os objetos do cotidiano estão sujeitos a um olhar automatizado por parte dos observadores. Nesse contexto, a característica principal dos textos literários – aquilo que os define enquanto tal – é o estranhamento: a arte reapresenta aquilo que é comum sob um olhar diferente, de modo a recuperar a novidade daquilo que retrata. Acreditamos que nosso papel, enquanto críticos de arte, deve ser semelhante a esse, e que Pessoa, em particular, pede esse tipo de aproximação.

começar a apreciar devidamente a radicalidade de certos aspectos da sua produção.

O terceiro, e talvez mais interessante de nossos exemplos, trará uma última contribuição para nossa discussão. *Vertigem* é o primeiro livro de literatura de W. G Sebald, professor, crítico literário e tradutor alemão falecido em 2001. O livro inclui quatro narrativas diferentes, sendo que duas delas debruçam-se sobre épocas pouco conhecidas da vida de dois grandes autores – Stendhal e Kafka. Nas outras duas, entretanto, Sebald tem por objeto sua própria jornada biográfica em uma época de depressão e crise pessoal, quando resolve abandonar temporariamente sua família e a região em que vive, o condado inglês de Norfolk, para voltar a Europa continental (ao interior da Alemanha, mais precisamente) em busca de suas raízes. Novamente, é fácil identificar o protagonista dessa história com o nome escrito na capa do livro: entre outras coisas, ambos têm cidadania alemã e trabalham como professores de literatura no exterior. O narrador assume o papel de quem escreve o relato, enfatizando isso em vários momentos do livro. Fotos e documentos são anexados aos episódios a título de ilustração e testemunho. Esse critério, que atende às prerrogativas de Lejeune no que diz respeito aos textos autobiográficos, poderia muito bem colocar *Vertigem* sob essa rubrica. A obra, contudo, foge a qualquer tipo de classificação, e não sabemos sequer se esse texto de Sebald pode ser descrito como uma narrativa, uma vez que mistura elementos dos gêneros mais diversos – como a crítica literária, o ensaio, o diário e a reportagem jornalística – com elementos que colocam em xeque a veracidade daquilo que se narra.

Como foi dito, a pequena história em que Sebald aparece como protagonista faz parte de um livro maior, que inclui, por sua vez, outros dois episódios dedicados a grandes autores ocidentais. Ao incluir o seu enredo pessoal no meio dessas figuras, o narrador busca um certo espelhamento entre eles. No percurso do protagonista isso também acontecerá em um nível narrativo microscópico, pois, em diferentes lugares e situações, ele vê seus problemas pessoais refletidos em encontros improváveis com sujeitos semelhantes a si mesmo. Povoado de coincidências estranhas entre os diferentes planos narrativos, *Vertigem* é, a princípio, um texto ficcional, de modo que os índices de realidade incluídos no texto não podem ser entendidos senão como ironia borgeana.

Um episódio específico ilustra bem isso. Depois de fazer um percurso totalmente pouco convincente, ficando em hotéis estranhos, em encontros com personagens caricatas, ele acaba por perder seu passaporte. É então forçado a interromper a viagem para entrar em contato com as autoridades locais e obter um novo documento que o permita transitar legalmente na Europa. Logo que consegue fazer isso, uma cópia do novo documento é incluída no corpo do texto. Os papéis trazem uma foto do autor, a data de agosto de 1987, e a assinatura de W. G. Sebald. Umberto Eco, em *Lector in fabula*, definia o leitor empírico – em contraposição ao leitor ideal, sua grande formulação nesse livro – justamente como aquele que possui uma identidade civil, condição que em nossa sociedade é frequentemente garantida por um documento de identidade, um passaporte etc. Ironicamente, é justamente um desses símbolos que Sebald utiliza aqui para marcar a ficcionalidade daquele que escreve.

Todas as obras mencionadas aqui têm então algo em comum. Nelas, a identidade do eu não é simplesmente mascarada ou escamoteada, como no caso das experiências românticas da ironia, mas oscila constantemente. Sem saber se o protagonista é um sujeito civil ou ficcional, o leitor passa a ter a inconstância e a vertigem, porque as instâncias se confundem até o limite do possível, como regra nesse tipo de literatura.

Acreditamos que o Fernando Pessoa ortônimo proponha um movimento semelhante àqueles encontrados nas ficções descritas acima. Ele tem características que o aproximam do autor – carrega seu nome e, talvez, sua personalidade –, mas possui propriedades que o afastam dele – afinal, convive com seres imaginários em um mundo de ficção. As cartas, diários e anotações de Pessoa autor são alguns dos espaços híbridos nos quais habita esse personagem[20].

---

20. Teorizar uma obra literária a partir de outras é um movimento temerário, principalmente quando nossos elementos de comparação são recentes e ainda pouco estudados. Nesse contexto, é tentador buscar outras categorias literárias para dar subsistência a nossa análise. Em nosso caso, nos atrai particularmente um vocábulo que tem aparecido com frequência quando estão em questão as

noções de ficção, verdade e biografia. Estamos falando sobre o termo *autoficção*, concepção elaborada inicialmente por Serge Doubrovsky em 1977 com o objetivo de explicar sua própria obra literária. Em seu romance *Fils*, ele narra sob seu próprio nome uma série de experiências pessoais. O texto, contudo, é apresentado ao leitor como sendo um romance, de modo a preservar o pacto ficcional. Essa ideia já rompe por si o axioma de Phillipe Lejeune, que estipulava que o pacto romanesco não poderia subsistir quando houvesse uma identificação total entre o autor e o protagonista de uma obra.

Assim o *Dictionaire International des Terms Littéraires* define o conceito cunhado por Dubrovsky em sentido estrito: "Projection de soi dans um univers fictionnel où l'on aurait pu se trouver, mais où l'on n'a pas vécu réelment [Projeção de si mesmo em um universo ficcional onde se poderia se encontrar, mas onde não se viveu realmente]". Sendo que o seu campo é o do romance e o da autobiografia.

No Brasil, o *Dicionário das mobilidades culturais* de Zilá Bernd também se dedica ao tema com um verbete de autoria de Kelley Duarte. Ali a autora nos explica que apesar de a origem do termo ser recente, a técnica em si não o é. Vicente Colona, por exemplo, enxerga autoficção nas obras de Dante, Rabelais, Voltaire, Diderot e Stendhal. Em sua análise, que inclui as produções desses autores, ele propõe três formas diferentes para o fenômeno:

> A primeira, e a mais rica em possibilidades inventivas e narrativas, na opinião do teórico, dá conta da projeção do próprio autor em seu texto. O autor se coloca em cena, mas em um contexto inverossímil; uma história irreal sem correspondência entre a ficção e sua biografia. Na segunda, a autoficção especular, o autor não ocupa o centro de seu livro, mas sim um pequeno papel, assumindo uma posição no canto da obra, como ocorre na expressão do pintor que pinta o quadro no quadro e se coloca em um ângulo da tela. A terceira, e a mais recorrente na atualidade, coloca o autor como pivô de seu livro. Ele conta a sua vida, mas, ao mesmo tempo, ele a ficcionaliza; fabula a sua existência manipulando dados reais. (Duarte, 2010: 31)

Até aí a explicação casa perfeitamente com certos exemplos tirados da obra de Pessoa: dentro do universo de sua prosa, ele vivencia experiências que não podem ser associadas a sua biografia civil, como a amizade com Campos; já na ficção heteronímica, ele ocupa um papel secundário, como veremos nas páginas a seguir. Seria tentador, portanto, tentar fazer de nosso *corpus* mais um dos exemplos de autoficção *avant la lettre*. É importante ressaltar, no entanto, que autoficção é um termo empregado quando há pacto ficcional ou mesmo romanesco. Nós, entretanto, estamos lidando com um material híbrido (que engloba inclusive textos a princípio considerados documentais) sujeito a diferentes tipos de pactos linguageiros.

## 2.4 Eu, personagem

A ficção heteronímica é um campo que ganha muito, quando consideramos a proximidade entre o personagem Fernando Pessoa e o ser civil de mesmo nome. É nossa intenção aqui analisar uma amostra desse material tentando entender como isso se dá. Para tanto, concentrar-nos-emos nomeadamente no prefácio do *Livro do Desassossego* de autoria do ortônimo e no pequeno relato "Notas para a recordação do meu Mestre Caeiro" de Álvaro de Campos. No capítulo anterior já havíamos adiantado algumas informações a respeito do personagem do ortônimo e agora chega o momento de ver suas atividades, por assim dizer, *in loco* e decidir se concordamos ou não com a abordagem que normalmente se faz dessa figura.

Sabemos que as relações entre o mestre Caeiro e seus discípulos Reis e Campos se desenvolvem principalmente através do mútuo comentário. A partir de seus próprios pontos de vista, que são, por sua vez, moldados pelo lugar que ocupam literária e estilisticamente dentro do drama do qual fazem parte, Campos e Reis criticam o trabalho um do outro, e ambos os de Caeiro. Esse diálogo é essencial para a composição da ficção heteronímica e Pessoa dá a ele papel importante dentro das suas publicações: é fato conhecido de que a intenção do autor era lançar *O Guardador de Rebanhos* com um prefácio do médico e com um posfácio do engenheiro, por exemplo[21].

O comentário mútuo não se dá só em textos críticos, mas também na poesia. Reis abre seu livro de Odes com uma referência a Caeiro – "Mestre, são plácidas/ Todas as horas/ Que nós perdemos [...]" (Pessoa, 2000: 29). O mestre, por sua vez, responde a cortesia dedicando a Reis um dos textos de *Poemas inconjuntos* (Pessoa, 2001: 181). Já Campos, segundo o último levantamento da professora Cleonice Berardinelli (2004: 302), tem seis poemas nos quais faz referência explícita ao Mestre,

---

21. E, de fato, algumas edições tomaram o cuidado em seguir sua vontade. É o caso, por exemplo, da *Obra poética* de Fernando Pessoa, lançada no Brasil pela editora Aguilar na qual *O guardador de Rebanhos* é precedido por uma introdução crítica de Reis e concluído com o famoso texto de Campos "Notas para a recordação de meu mestre Caeiro".

sendo que o mais famoso deles começa pelo conhecido verso "Mestre, meu mestre querido [...]" (Pessoa, 2005: 369). Em ambos os casos – tanto na prosa como na poesia – o teor das colocações dos heterônimos em relação a Caeiro, em particular, é sempre de respeito e admiração, mesmo quando há discordância entre eles.

O mesmo não acontece quando o ortônimo está em questão: é frequente vermos dentro da ficção heteronímica alusões nem sempre muito elogiosas a Fernando Pessoa. Campos, por exemplo, faz críticas particularmente ácidas tanto à sua obra, quanto à sua pessoa. Em 1915[22], depois que o drama "O Marinheiro" saiu publicado na revista *Orpheu*, por exemplo, Campos escreve o seguinte poema:

> A Fernando Pessoa
> Depois de ler o seu 'Drama estático' "O marinheiro" em "Orfeu I"
>
> Depois de doze minutos
> Do seu drama O Marinheiro
> Em que os mais ágeis e astutos
> Se sentem com sono e brutos
> E de sentido nem cheiro,
> Diz uma das veladoras
> Com langorosa magia:
> *De eterno e belo há apenas o sonho*
> *Por que estamos nós falando ainda?*
> Ora isso mesmo é que eu ia
> Perguntar a essas senhoras...
> (Pessoa, 2005: 341)[23]

Esse texto, que saiu publicado somente no quarto volume de *A revista*, em 1929, é um bom exemplo do tom irreverente e contestador de

---

22. Segundo nota publicada em *Ficções do interlúdio*, 1915 é a data do datiloscrito original do texto.
23. Referências menos azedas a "O Marinheiro" são feitas por Campos em uma carta ao periódico *Diário de Notícias*, como parte de um comentário geral ao primeiro número da Revista *Orpheu* (Pessoa, 1999: 165-167). Antônio Mora também comenta a revista, e consequentemente o trabalho de Pessoa, em um fragmento solto incluído em *Páginas íntimas e de auto-interpretação*. (Pessoa, 1966: 116).

Álvaro de Campos. O teor da crítica explícita no poema é, por sua vez, completamente compatível com a visão de mundo desse personagem de papel. De fato, para ele, homem moderno que olha para o futuro com ansiedade, o drama "O marinheiro", no qual pouco acontece em termos de ação, deve ser uma peça lenta e chata.

Para nós, entretanto, o poema é interessante na medida em que exemplifica uma estratégia bastante comum na obra de Fernando Pessoa que é o jogo de *mis-en-abîme*. Expliquemos porque isso se dá. Ao fazer referência a um dos poucos textos ortônimos que saiu a público, o poema coloca em diálogo diferentes épocas e diferentes publicações em um movimento intertextual mais amplo. No drama "O marinheiro", temos três mulheres, que enquanto velam uma quarta, elaboram uma narrativa que pouco tem a ver com sua própria situação: no sonho de uma delas, há um marinheiro perdido em uma ilha que sonha, por sua vez, com a pátria distante. O devaneio dessa última personagem se torna tão real que ela já não sabe diferenciar a imagem mental que criou em sua cabeça das lembranças reais do seu país de origem. Ao final, o próprio leitor passa a se perguntar o que é sonho e o que é realidade nessa narrativa tão estranha e a se questionar se mesmo as mulheres que velam não poderiam também ser um devaneio de uma terceira pessoa ou do próprio marinheiro. Ao colocar a crítica dessa peça na boca de uma quarta personagem que é também um sonho, Álvaro de Campos, Pessoa constrói mais um patamar desse abismo que entramos enquanto leitores. Nesse contexto, a referência a Fernando Pessoa, como autor do drama "O marinheiro" e também como autor do drama em gente que é a heteronímia, ganha uma inflexão quase borgeana, afinal em um lugar onde tudo são sonhos dentro de sonhos, o primeiro criador desse jogo talvez seja também uma ficção.

Uma outra crítica feita por Álvaro de Campos a Fernando Pessoa, que tem um resultado muito semelhante ao obtido pelas implicações do texto acima, pode ser encontrada no texto "Notas para as recordações do meu Mestre Caeiro", relato já mencionado no presente ensaio. Nesse pequeno posfácio à obra de Alberto Caeiro, o engenheiro entremeia recordações pessoais e opiniões críticas sobre aquele que tanto o influenciou. De todos os escritos analisados até agora é o único em que a narrativa predomina, sendo então o que mais se aproxima da ideia que tradicionalmente fazemos de um texto ficcional. A certa altura, um pequeno trecho introduz o próprio Fernando Pessoa como personagem das memórias de Campos. Ao narrar como se deu a morte do mestre, Campos diz:

> Não sei se [Caeiro] estava triste quando morreu, ou nos dias antes. Seria possível sabê-lo, mas a verdade é que nunca ousei perguntar aos que assistiram à morte qualquer coisa da morte ou de como ele a teve.
>
> Em todo caso, foi uma das angústias da minha vida – *das angústias reais em meio de tantas angústias que têm sido fictícias* – que Caeiro morresse sem eu estar de pé dele. Isto é estúpido mas humano, e é assim.
>
> O próprio Ricardo Reis não estava em Lisboa, estava de volta no Brasil. *Estava o Fernando Pessoa, mas é como se não estivesse. O Fernando Pessoa sente as coisas mas não se mexe, nem mesmo por dentro.* (Pessoa, 2005: 249, grifos nossos)

Aqui, o ortônimo vem a ser caracterizado por Campos justamente por sua inação. Pouco antes, nessa mesma narrativa, ao comentar o paganismo Campos já havia declarado: [...] "o próprio Fernando Pessoa seria um pagão, se não fosse um novelo embrulhado para o lado de dentro" (Pessoa, 2005: 248). Talvez essa descrição lembre um pouco a pessoa empírica do autor: um ser tímido, autocentrado, cujos dramas, em suas próprias palavras, terminam sempre em "[...] silêncio e poesia..." (Pessoa, 1999: 341). A nosso ver, entretanto, essa crítica importa mais pelo contexto em que aparece do que pelo fato de ser ou não condizente com a imagem do Fernando Pessoa autor. No trecho, Campos compara a si mesmo a Pessoa, e nessa comparação atribui a si mesmo muito mais complexidade e profundidade que a seu criador. Ele sim, sofreu verdadeiramente com a morte de Caeiro e se angustiou por não estar ao lado do mestre em seu leito de morte. Já Pessoa parece não ter sentido nada frente a esse acontecimento trágico. A inversão não deixa de ser irônica, e se torna mais ainda quando consideramos a expressão do engenheiro ao descrever sua própria dor como uma das "[...] angústias reais em meio a tantas angústias que têm sido fictícias [...]". Ora, Campos é obviamente um ser de ficção, e qualquer angústia por ele sentida só pode ter esse mesmo teor. Ainda assim, aqui ele insiste em defender a própria individualidade em contraposição àquela de seu próprio autor.

O último fragmento que gostaríamos de comentar aqui é o prefácio do *Livro do desassossego*, do semi-heterônimo Bernardo Soares. Nesse texto, Fernando Pessoa, escrevendo sob seu próprio nome, nos conta como veio a conhecer Soares e editar sua obra. O poeta português nos explica que, no passado, os dois frequentavam o mesmo pequeno restaurante em Lisboa e, vendo-se com frequência, com o tempo, passaram a se cumprimentar de cabeça. Um dia qualquer, puseram-se a conversar e descobriram que ambos eram escritores. Fernando Pessoa falou a seu companheiro sobre a revista *Orpheu* da qual participava e ficou encantado em descobrir que o interlocutor a admirava muito. A partir desses interesses em comum, surgiu entre os dois solitários um relacionamento, não de amizade, mas de companheirismo. Ao final do pequeno relato, Fernando Pessoa sumariza sua experiência com esse estranho personagem da seguinte maneira:

> Nada o [Soares] aproximou nunca nem de amigos nem de amantes. Fui o único que, de alguma maneira, estive na intimidade dele. Mas – a par de ter vivido sempre com uma falsa personalidade sua, e de suspeitar que nunca ele me teve realmente por amigo – percebi sempre que ele alguém havia de chamar a si para lhe deixar o livro que deixou. Agrada-me pensar que, ainda que ao princípio isso me doesse quando o notei, por fim vendo tudo através do único critério digno de um psicólogo, fiquei do mesmo modo amigo dele e dedicado ao fim para que ele me aproximou de si – a publicação deste seu livro. (Pessoa, 2006: 39)

Já de início, o que nos chama a atenção nesse prefácio é que seu protagonista lembra muito o Fernando Pessoa que conhecemos – um escritor solitário que de fato participou do desenvolvimento da revista *Orpheu* quando jovem. Essa ilusão realista, entretanto, é posta no chão quando Soares é introduzido na história.

Interessante notar que, novamente, a imagem ficcional do personagem Fernando Pessoa não é muito positiva nesse texto. Soares nunca o teve por amigo e se aproximou dele somente como uma maneira de ver seu livro publicado. Tal é a humildade do narrador, que não se preocupa muito com isso. Entende que Soares seja um ser ambíguo – ironicamente, então, mais complexo que o próprio, a quem é dado o papel de registrar e admirar o *Livro do desassossego*, mas não de escrevê-lo, como sabemos que de fato o fez.

Todas as passagens descritas acima, e muitas outras tanto da poesia quanto da prosa do escritor português, só ganham esse viés irônico quando consideramos que o ser chamado nesses textos de Fernando Pessoa é ao mesmo tempo personagem e autor dos mesmos. Baseando-nos nisso, não podemos aceitar que o estatuto do ortônimo seja exatamente o mesmo do dos outros heterônimos. Em nossa opinião ele preserva sim uma ligação especial com o autor, e foi justamente para marcá-la que ele deu a essa figura literária o seu próprio nome.

Até agora viemos trabalhando com a prosa do autor, mas a sua poesia também tem muito a acrescentar sobre essa questão. E é a ela que nos dedicaremos no próximo capítulo.

## 3 TRÊS MÁSCARAS

Até então falamos de um gênero específico: a prosa. No presente capítulo mudaremos nosso foco e nos deteremos na poesia de Fernando Pessoa. Acreditamos que, no que concerne à relação autor/ortônimo seja possível transferir as conclusões que até agora chegamos também para esse novo âmbito. Quem nos dá a chave para estabelecer uma continuidade entre campos tão diferentes da produção literária do escritor é Fernando Cabral Martins. Segundo sua opinião, os textos que compõem a poesia pessoana não podem ser entendidos como sendo puramente líricos, uma vez que são atribuídos a personagens e essa ligação entre escritor fictício e texto é essencial para a compreensão deste último. Não só os poemas são compostos, como vimos no primeiro capítulo, a partir de estilos e concepções estreitamente ligados aos seus autores de papel, como também elementos biográficos dos últimos são incorporados criativamente na feitura dos primeiros. Tudo isso leva Cabral Martins a concluir que a poesia de Pessoa tem algo do romanesco: ela só faz sentido quando inserida dentro de um contexto maior de personagens e histórias que habitam também, acrescentamos, outros tipos de texto.

Baseando nisso é que nos propomos investigar comparativamente a poesia dos heterônimos e do ortônimo buscando compreender qual é a singularidade do segundo com relação aos primeiros. Nossa hipótese é a de que o ortônimo poderia ser lido como uma representação do autor também na poesia de Pessoa, e que, compreendendo sua poética – por meio do contraste com as propostas literárias de Caeiro, Reis e Campos, devemos acrescentar – podemos chegar a conclusões maiores a respeito do papel do autor na literatura moderna.

No contexto poético, também temos representações estéticas diferenciadas no que diz respeito à representação de ortônimo e heterônimos. Sentimos que, enquanto na lírica heterônima – pelo menos em seu princípio – o papel do poeta é definido a partir de balizas fixas, na do ortônimo temos um poeta perdido em seu fazer. Para mostrar como isso se dá, dividiremos nossa análise em duas partes: no presente capítulo, deter-nos-emos especificamente em certos elementos da produção de Caeiro, Campos e Reis; já no próximo capítulo nos dedicaremos às especificidades da lírica assinada por Fernando Pessoa ele mesmo.

Em nossa análise da poesia heterônima buscamos delimitar como o ofício do poeta é entendido por cada um dos seus representantes. Para isso, procuramos ler os poemas de Caeiro, Reis e Campos buscando marcas metalinguísticas, ou seja, procurando levantar os momentos nos quais essas figuras falavam sobre o seu fazer ou sobre si mesmos enquanto poetas. O foco de nossa análise compreende a totalidade da produção em verso de Caeiro e Reis, mas no que diz respeito a Campos preferimos ignorar a primeira fase e tomar a segunda fase como ponto de partida. Como o leitor deve estar lembrado, tanto Jacinto do Prado Coelho como Tereza Rita Lopes concordam que a segunda fase de Campos é aquela em que o autor escreve as grandes e eufóricas odes nas quais canta a modernidade. É nosso objetivo iniciar nossa análise nesse período, pois julgamos que é ele que se consagrou, bem ou mal, como a produção canônica de Campos. A primeira fase da produção do autor não fez parte de nosso escopo por duas razões: primeiramente, ela não é muito representativa da produção poética de Campos; e em todos os poemas dessa fase, encontramos somente um verso que preenche nossos critérios de análise, os quais serão explicados a seguir.

Em nosso levantamento usamos como fonte as edições da Companhia das Letras *Poesia* de Alberto Caeiro, *Poesia* de Álvaro de Campos e *Poesia* de Ricardo Reis. Como já foi dito, esses livros correspondem *ipsis litteris* aos volumes de mesmo nome lançados pela editora Assírio & Alvim, em Portugal. O leitor já deve ter percebido, por nossa explanação no capítulo anterior, que não há um consenso sobre qual é a melhor maneira de editar e organizar a obra de Fernando Pessoa e que, tanto no exterior como aqui, as editoras correspondem a grupos de interesses diferentes cujas preocupações, por sua vez, não se limitam apenas ao âmbito literário. Daí que, na eleição de uma edição em detrimento de outra, vá um tanto de arbitrariedade: escolhemos trabalhar com as versões publicadas pela Companhia das Letras/Assírio & Alvim porque são os trabalhos mais completos disponíveis ao leitor brasileiro. Temos obviamente algumas ressalvas a certas escolhas feitas nessas edições e, quando as mesmas interferirem em elementos do nosso raciocínio, faremos as observações pertinentes em nota de rodapé.

Roman Jakobson, em um de seus mais conhecidos textos, "Linguística e poética", depreende de seis fatores que considera constitutivos de todo e qualquer processo comunicativo – remetente, destinatário, contexto, mensagem, canal e código – seis diferentes funções da linguagem. A metalinguagem é uma delas. Segundo Jakobson, essa função domina o discurso quando ele se volta sobre o próprio código com o qual trabalha, explicitando suas convenções. Isso significa que todas as vezes que fornecemos explicações sobre nossa própria fala, procurando traduzir termos desconhecidos pelo nosso ouvinte ou ainda checando a compreensibilidade daquilo que dizemos, estamos usando a metalinguagem. Em poesia, voltar-se sobre o próprio código significa justamente falar sobre a linguagem enquanto arte. Mas a dimensão estética não é a única contemplada pela metalinguagem, afinal explicitar as convenções líricas de um texto também implica em discutir os limites do fazer poético, seu alcance, suas consequências éticas e mesmo políticas. É o que acontece, por exemplo, em "Poética" de Manuel Bandeira, texto no qual se propõe um ideal de libertação lírica que pouco tem a ver com categorias estético-formais.

Em nosso levantamento de textos metalinguísticos, procuramos nos guiar principalmente por um critério retórico, ou seja, contemplando poemas que incluíram vocabulário do campo literário em sua composição. A seguir, portanto, o leitor encontrará textos nos quais aparecem termos como *versos, cantar, poeta, leitura, escrever*, e mesmo *falar* ou *dizer* (quando podem ser entendidos como sinônimo de escrever)[1].

---

[1]. Temos consciência de que a metalinguagem não pode ser resumida a um critério vocabular e que há muitos textos nos quais podemos encontrá-la que não fazem qualquer referência ao seu campo semântico. Um exemplo interessante disso é o

Nesse contexto, Caeiro, Campos e Reis apresentam três perspectivas bastante diferentes. Vamos à primeira delas.

### 3.1 Olhei para as cousas e mais nada

Organizado por Richard Zenith e Fernando Cabral Martins, *Poesia* de Alberto Caeiro inclui, ao todo, 21 poemas que preenchem nossos requisitos. Desse total, 12 se encontram n'*O guardador de rebanhos* e nove em *Poemas inconjuntos*, sendo que *O pastor amoroso* não contém nenhum. Dentro d'*O guardador de rebanhos* temos os textos de número I, VIII, XII, XIV, XXVII, XXVIII, XXIX, XXXI, XXXV, XXXVI, XLVI, XLVIII; já em *Poemas inconjuntos*, livro no qual não há uma classificação numérica de textos, temos exemplos de metalinguagem nas páginas 103, 106-107, 109, 112-113, 118, 121, 157, 160 e 164, que englobam, como foi dito, nove poemas diferentes. Um deles será ignorado por nós aqui. O poema correspondente à página 157, que começa pela estrofe "O conto antigo da Gata Borralheira [...]" (Pessoa, 2001: 157) tem uma atribuição ambígua, aparecendo também na obra de Álvaro de Campos publicada por essa mesma editora. Como julgamos que esse texto em particular tem pouco a ver com o restante da obra de Caeiro, decidimos mantê-lo fora da presente análise, mas incluí-lo na parte final deste capítulo, que será dedicada ao engenheiro.

Ao todo, então, estaremos trabalhando somente com 20 poemas de Caeiro. Levando em consideração que o volume *Poesia* contém 127 textos, excluídos os fragmentos, as variantes e os textos que são considerados como sendo de atribuição incerta pelos organizadores,

---

poema "Os jogadores de xadrez" de Ricardo Reis, que será abordado no próximo sub-item. Nesse texto, o jogo de xadrez pode ser entendido como uma metáfora para o caráter lúdico da poesia e da arte em geral. Como esse, há muitos outros casos. Talvez, em um limite fosse possível considerar todos os textos de Caeiro ou de Reis como metalinguísticos, uma vez que procuram estabelecer, nos mínimos detalhes, uma poética própria e fazem de seus textos prática e voz dessa poética. Justamente daí surge a necessidade de um critério de seleção, por mais falho que seja. Em nossa pesquisa optamos por nos fundamentarmos naquilo que há de mais básico em termos linguísticos e consideramos metalinguagem aquilo que se assume enquanto tal por meio de signos verbais.

o nosso *corpus* é particularmente pequeno. De fato, Caeiro tem uma proposta literária ampla, mas que pouco se relaciona com a palavra poética em si e nos raros textos em que o lirismo aparece como tema, ele é frequentemente associado a elementos negativos. Vários tipos de poesia são objeto da crítica do guardador de rebanhos: para ele, por exemplo, poetas místicos – sendo que São Francisco de Assis, em seu "Canto ao sol", parece ser o maior exemplo dessa leva – são filósofos doentes; já os artífices da poesia merecem nada mais que compaixão de sua parte. Sua própria poesia é associada, por sua vez, com modos pouco líricos de composição. Afirma não se importar com as rimas, ou com qualquer forma de publicação futura e associa seu fazer nomeadamente à prosa e não à poesia[2]. A certa altura chega a afirmar: "Eu nem sequer sou poeta: vejo" (Pessoa, 2001: 107).

Caeiro também faz pouco de vários *topoi* tradicionalmente poéticos, como o luar, o pôr do sol, o vento ou os campos. Isso não significa que tais temas sejam excluídos da poesia caeiriana, mas sim que o poeta faz uma apropriação particular dos mesmos na qual descarta os ecos românticos ou mesmo metafóricos que esses suscitam. Expliquemos. No romantismo, a natureza era muitas vezes usada como um pretexto para o sujeito falar de si e de suas emoções. Nesse contexto, um eu que se sentisse triste ou melancólico, por exemplo, poderia ser associado a uma paisagem sombria, o que em termos de mundo natural talvez correspondesse a tempestades, ventos ou seca, entre outras possibilidades. Não é isso o que acontece em Caeiro, muito pelo contrário. Em sua poesia, ele procura não se projetar sobre o mundo que o cerca, mas abordá-lo como coisa em si, como pura materialidade. Vejamos como isso se dá através de um exemplo específico de *topoi* poético que aparece mais de uma vez em nosso material de análise: o vento.

No poema XIII do *Guardador de Rebanhos*, por exemplo, lê-se:

Leve, leve, muito leve,
Um vento muito leve passa,
E vai-se, sempre muito leve.

---

[2]. Lembremos que Caeiro foi um dos primeiros poetas a se utilizar do verso livre, e que talvez seja justamente a isso que ele faça referência em tal colocação.

E eu não sei o que penso
Nem procuro sabê-lo.
(Pessoa, 2001: 48)

Em outros tipos de poesia, o vento poderia ser usado como pretexto para evocar uma série de assuntos diferentes: lugares distantes, ares estrangeiros, memórias, saudades e "cousas que nunca foram" (Pessoa, 2001: 45). Caeiro, entretanto, afirma o seu propósito de não tomar a natureza como metáfora e explicitamente foge às divagações que ela poderia suscitar. Essa é a mesma ideia do poema x, no qual é encenado um diálogo entre o guardador de rebanhos e um interlocutor não nomeado, a quem alguns identificam com Álvaro de Campos. Para este último, o vento fala de muita coisa, mas para o primeiro o vento só fala do vento e de nada mais.

Essa descrença com relação a certos *topoi* da lírica tradicional é fruto de uma postura mais geral em relação à linguagem humana, sentida como falsa e artificial por um poeta que quer alcançar em seu texto a coisa em si[3]. Nos trechos nos quais a metalinguagem pode ser identificada, Caeiro denuncia o artifício literário quando ataca, por exemplo, os pastores de Virgílio que, para ele, são o próprio Virgílio. Por outro lado, quando ele-mesmo se utiliza de recursos estéticos, explica que é forçado a isso para se adaptar à linguagem dos homens e à falta de sensibilidade dos mesmos. A respeito dos livros, diz preferir aquilo que apreende com os próprios sentidos ao saber escrito, e mesmo a perenidade do papel é desvalorizada por ele face à realidade da natureza.

Podemos dizer, portanto, que em Caeiro há um mal estar geral em relação à linguagem: para ele, ela é um meio de expressão ruim e artificial, somente utilizável na falta de outro melhor. Seu estilo, bem como as colocações que faz, dão testemunha disso. O leitor deve lembrar-se de que, no primeiro capítulo, a linguagem desse heterônimo foi descrita como repetitiva, tautológica, pobre em vocabulário e em recursos literários mais sofisticados. Ora, escreve assim aquele que quer

---

3. Como tentaremos mostrar ao final do presente capítulo, essa proposta é, não só artificial, mas pouco realista. Tentamos argumentar, entretanto, que a poesia de Caeiro se baseia justamente nessa busca do impossível.

se afastar da linguagem poética em busca de outro ideal. No caso de Caeiro esse ideal é justamente o mundo da natureza.

Em nosso levantamento, percebemos que, nas poucas vezes em que o fazer poético é retratado de forma positiva é quando ele se aproxima dos fenômenos naturais. Assim, em *O guardador de rebanhos*, a poesia de Caeiro é descrita como sendo natural como o vento e mutante como a cor das folhas nas diferentes estações. Os poetas que se guiam pelo ideal do trabalho com a linguagem, por sua vez, são criticados por sua falta de espontaneidade: nas palavras de Caeiro, elas *não sabem florir*. No poema de abertura do livro, esse movimento de identificação entre poesia e natureza é projetado também para o leitor, a quem o poeta aconselha que aborde o seu texto como algo de natural: "Por exemplo, a árvore antiga/ À sombra da qual quando crianças/ Se sentavam com um baque, cansados de brincar" (Pessoa, 2001: 25).

Em um dos mais belos textos d' *O guardador de rebanhos*, a comparação entre o próprio ato de escrever e os elementos da natureza ganhará mais complexidade. No poema de número XLVIII, Caeiro lamenta a perda de seus versos que partem para a humanidade. Para se consolar estabelece um paralelo entre sua própria situação com a de elementos do ambiente bucólico que o cerca, de modo a tornar a própria perda algo natural. Assim, compara a si mesmo às árvores, às plantas e aos rios; e a sua produção aos frutos, flores e águas que provêm dos primeiros. A árvore, a planta e o rio são todos ligados a algum tipo de diminuição vinda do mundo exterior: a flor é colhida, a árvore perde seus frutos e o rio sua substância, da mesma maneira que o poeta perde seus textos. Por meio dessa associação melancólica, entretanto, o eu-lírico reencontra sua identidade com o mundo natural e se conforma com seu destino de escritor, constatando que a efemeridade é justamente aquilo que garante a continuidade do universo e de seu próprio fazer[4].

---

4. Essa sensação de perda em relação aos versos que se vão pode ser identificada em um testemunho do próprio Pessoa. Em uma carta escrita à sua mãe, em junho de 1914, ele confessa que não sentia a publicação de seus textos como um ganho pessoal. Nessa ocasião, depois de arrolar uma série de desventuras, pelas quais vinha passando, ele assim fala a respeito do volume que está para sair impresso: "Mesmo a circunstância de eu ir publicar um livro vem alterar minha vida. *Perco*

Talvez seja o caso de dizer que, em Caeiro, o campo da poesia é delimitado pela inserção em um universo maior, o da natureza. Acreditamos que, mais particularmente, a questão do sujeito autor é resolvida na poesia caeiriana por sua inserção em um cosmos organizado ao molde grego (estamos pensando especificamente em Aristóteles e Demócrito). O leitor deve lembrar-se que, para Aristóteles, o mundo é um cosmos organizado no qual cada elemento tem uma função (ex: a função do vento é soprar etc.). Quando esse elemento cumpre bem essa função, ele está em harmonia com o cosmos, e daí podermos dizer que ele é positivo tanto em termos morais como em termos estéticos (Aristóteles fala, por exemplo, de um vento virtuoso, ou até saudável). Uma vez que o cosmos é a única forma de divindade reconhecida por Aristóteles, ao fazer parte dele, os elementos também se tornam divinos. A isso, Aristóteles chama *eudaimonia* ou felicidade. Ou seja, quando encontramos a nossa função no mundo e a exercemos adequadamente, somos felizes. Dentro dessa perspectiva, os seres da natureza cumprem instintivamente a sua função no mundo. O homem, entretanto, precisa achar a sua função e então cumpri-la, para que possa se encaixar no cosmos e ser virtuoso, belo, saudável etc. Em sua poesia, Caeiro busca justamente o seu lugar nesse cosmos, de maneira a estar de acordo com ele[5]. Para isso mimetiza a natureza, procura ser igual a ela, tanto quanto pessoa como quanto poeta. A função de Caeiro é ser o poeta da natureza. Para encontrar o seu lugar e cumprir sempre bem a sua função ele simula a natureza[6]: procura produzir poemas à maneira de

---

uma coisa – *o ser inédito*. E assim mudar para melhor, porque mudar é mau, é *sempre* mudar para pior" (Pessoa, 1999: 118, grifos do autor).
5. Isso não significa que na concepção caeiriana de mundo não haja também lugar para a infelicidade. Frequentemente o poeta se vê em face de sentimentos e sensações que não são felizes, mas considera que isso não vai contra seu lugar no cosmos, afinal, na natureza, coisas desagradáveis também são necessárias. Seu exemplo é a chuva, que faz falta às plantas e flores. Há momentos, entretanto, em que o poeta não consegue obedecer a ordem do universo e, nesses casos, ele não se diz infeliz, mas doente. É o que acontece nos textos de número XVI, XVII, XVIII e XIX, por exemplo.
6. Octávio Paz é um dos vários críticos que nos alerta para não nos deixarmos levar por essa simulação. Ele lê a poesia de Caeiro como uma forma hiperintelectual, eivada numa concepção de linguagem que busca a simplicidade por meio

uma árvore que dá flores e frutos e busca não pensar, mas simplesmente ser, como a pedra ou o rio.

Obviamente, por mais que queira, um poeta não pode se igualar totalmente a elementos inanimados sem vontade ou sentimento. Mas a tarefa paradoxal de seguir o mundo natural como modelo, mimetizando seres passivos e inconscientes justamente através da linguagem humana e do artifício, parece ser a meta de Caeiro. Em seu texto, pudemos identificar uma série de estratégias textuais que atuam no sentido de construir essa mimese impossível. A seguir, selecionamos oito exemplos do que consideramos serem tais estratégias.

Como vimos, a escrita em Caeiro é aproximada à inconsciência dos seres naturais, o que implica, por vezes, em um processo despido de humanidade ou de intencionalidade – ou pelo menos é uma tentativa de construir assim a poesia o que assistimos aqui:

> Vou escrevendo os meus versos sem querer,
> Como se escrever não fosse uma cousa feita de gestos,
> Como se escrever fosse uma cousa que me acontecesse
> Como dar-me o sol de fora.
> (Pessoa, 2001: 84)

Nesse contexto, atributos humanos como as emoções ou os pensamentos do eu são vistos de uma maneira negativa uma vez que, no universo dado, implicam, em última instância, uma alienação das coisas do mundo:

> Se eu pensasse nessas cousas,
> Deixava de ver as árvores e as plantas
> E deixava de ver a Terra,
> Para ver só os meus pensamentos...
> Entristecia e ficava às escuras.
> E assim, sem pensar, tenho a Terra e o Céu.
> (Pessoa, 2001: 72)

---

de contorções intelectuais elaboradas. Concordamos totalmente com essas ideias. Mas em nossa análise estamos buscando descrever as propostas explicitadas no texto desse heterônimo e não os mecanismos a elas subjacentes.

Olho, e as cousas existem.
Penso e existo só eu.
(Pessoa, 2001: 122)

Não sei o que é a Natureza: canto-a.
(Pessoa, 2001: 67)

Em sua busca da coisa em si, Caeiro gostaria de se ver livre da mediação da linguagem. Daí desprezar os nomes próprios como uma abstração sem sentido.

Para que hei de chamar minha irmã a água, se ela não é minha irmã?
[...]
Ao chamar-lhe minha irmã, vejo que o não é
E que se ela é a água o melhor é chamar-lhe água;
Ou melhor ainda não lhe chamar cousa nenhuma,
Mas bebê-la, senti-la nos pulsos, olhar para ela
E tudo isto sem nome nenhum.
(Pessoa, 2001: 121)

[...] não há vantagem em pôr nomes errados às cousas,
Nem mesmo em lhes pôr nomes alguns.
(Pessoa, 2001: 124)

Por essa mesma razão, valoriza pouco as lembranças

A recordação é uma traição à Natureza,
Porque a Natureza de ontem não é natureza.
O que foi não é nada, e lembrar é não ver.
(Pessoa, 2001: 81)

e as expectativas futuras:

Para além da curva da estrada
Talvez haja um poço, e talvez um castelo,
E talvez apenas a continuação da estrada.
Não sei nem pergunto.
Enquanto vou na estrada antes da curva

> Só olho para a estrada antes da curva,
> Porque não posso ver senão a estrada antes da curva.
> De nada me serviria estar olhando para outro lado
> E para aquilo que não vejo.
> Importemo-nos apenas com o lugar onde estamos.
>
> (Pessoa, 2001: 103)

Nesse mundo onde os referenciais humanos são desprezados, a única ferramenta legítima de apreensão da realidade – aos moldes do que talvez aconteça com os animais – são os próprios sentidos:

> E os meus pensamentos são todos sensações.
> Penso com os olhos e com os ouvidos
> E com as mãos e os pés
> E com o nariz e com a boca.
>
> Pensar uma flor é vê-la e cheirá-la
> E comer um fruto é saber-lhe o sentido.
>
> (Pessoa, 2001: 44)

> Eu não tenho filosofia: tenho sentidos...
>
> (Pessoa, 2001: 26)

Essa maneira de lidar com a realidade não se dá sem consequências. Ao recusar o pensamento lógico ou abstrato, Caeiro se limita a uma visão superficial das coisas. Isso, entretanto, não é visto por ele como um defeito:

> Vale mais a pena ver uma cousa sempre pela primeira vez que conhecê-la,
> Porque conhecer é como nunca ter visto pela primeira vez,
> E nunca ter visto pela primeira vez é só ter ouvido contar.
>
> (Pessoa, 2001: 150)

Nesse mesmo sentido, ele explicitamente manifesta uma preferência pela aparência em detrimento da essência, do exterior em detrimento do interior:

> Porque o único sentido oculto das cousas
> É elas não terem sentido oculto nenhum.
> É mais estranho do que todas as estranhezas

E do que os sonhos de todos os filósofos,
Que as cousas sejam realmente o que parecem ser
E não haja nada que compreender.
(Pessoa, 2001: 77)

[...] sei que compreendo a natureza por fora;
E não a compreendo por dentro
Porque a Natureza não tem dentro;
Senão não era a Natureza.
(Pessoa, 2001: 65)

De todas essas técnicas podemos tirar a seguinte conclusão. Para se aproximar da coisa, Caeiro despreza justamente o que há em si de humano, sua subjetividade. Sua busca de perfeição, nesse sentido, parece ser uma busca rumo ao nada: ele procura não pensar, não fazer conjecturas, não lembrar, não criar expectativas. Procurando aquilo que é mais elementar dentro da *physis*, ele se torna o seu exterior e se baseia somente em seus sentidos como forma de apreensão do mundo.

Muitos críticos apontam para o fato de que a naturalidade e a simplicidade de Caeiro são na realidade uma mistificação. Em nota de rodapé identificamos Octávio Paz como um deles, no seu brilhante *Fernando Pessoa: o desconhecido de si mesmo*. Dois outros que merecem ser mencionados aqui são Eduardo Lourenço e Leyla Perrone-Moisés: ambos têm artigos específicos dedicados a esse heterônimo e de suas teses muito podemos aproveitar aqui.

No artigo "A curiosa singularidade de 'Mestre Caeiro'", segundo texto de *Fernando Pessoa revisitado*, Lourenço parte de uma aguda crítica a José Augusto Seabra – que baseando-se justamente em algumas das características levantadas aqui, propõe que a poesia de Caeiro possa ser entendida como uma escrita neutra, um *grau zero da poesia*[7], ou ainda, uma pura função referencial – para defender a tese contrária: a de que a busca de Caeiro pela coisa em si revela, não uma falta, mas um

---

7. A expressão, inspirada em Roland Barthes, dá título a um texto no qual aparecem tais considerações. Este pode ser encontrado na terceira parte do livro *Fernando Pessoa, ou o poetodrama*, obra concebida inicialmente como tese de doutoramento de José Augusto Seabra.

excesso da palavra poética. Em suas palavras: "[...] a brutal irrupção dos 'poema-Caeiro' em Pessoa, já de sobra assinala o caráter de realidade excessiva da palavra poética neles presente, e com ele o seu caráter de reposta e solução, fim e conclusão (precária mas idealmente perfeita) de um conflito [...]" (Lourenço, 1981: 37). Esse conflito, como o leitor já deve imaginar, é a grande questão pessoana trabalhada por Lourenço e já mencionada aqui em nosso primeiro capítulo: o drama da separação entre o eu e a realidade. Para o autor de o *Labirinto da saudade*, a poesia de Caeiro foi concebida como uma saída poética para esse problema. Nela, está em jogo uma realidade *precária mas idealmente perfeita* na qual ainda é possível uma comunhão total entre homem e mundo. Não é sem razão, lembra-nos Lourenço, que Pessoa narrou o surgimento de Caeiro como um êxtase divino, como um milagre, afinal ele é a personificação do sonho impossível de seu criador.

As ideias de Leyla Perrone-Moisés vão a um sentido parecido. O último[8] capítulo do livro que a professora da USP dedica ao poeta, *Fernando Pessoa: aquém do eu, além do outro* é justamente consagrado à obra de Caeiro. Como o próprio nome já diz, o texto, intitulado "Caeiro Zen", procura estabelecer uma analogia entre o pensamento de Caeiro e o zen-budismo, comparando fragmentos de poemas retirados de *O guardador de rebanhos* com a forma haicai. Assim, ela mostra como é possível, através da exclusão de certos versos, extrair de poemas maiores de Caeiro outros micro poemas, *haicais*, tão ou mais interessantes que os originais.

Segundo o *Dicionário de termos literários*, de Massaud Moisés, haicai é uma forma poética tradicional no Japão que se caracteriza justamente pela brevidade. No Brasil, os tradutores convencionaram que esse pequeno poema deve ter três versos, duas redondilhas menores intercaladas por uma maior, somando, ao todo, dezessete sílabas. "Semelhante pela forma ao epigrama, o haicai deve concentrar em reduzido espaço um pensamento poético e/ou filosófico, geralmente inspirado nas mudanças que o ciclo das estações provoca no Universo"

---

8. Na mais recente edição do livro de Perrone-Moisés, o capítulo mencionado, devido a acréscimos incluídos na obra pela própria autora, corresponde na realidade ao penúltimo.

(Moisés, s.d: 270). Para Massaud Moisés o haicai propõe uma "comunhão, instantânea e fugaz, com a eternidade" ou ainda, procura "expressar uma sensação nova, um imprevisto significado de súbito apreendido no espetáculo perene da vida e da Natureza, pela associação espontânea e alógica, de aspectos até então distantes e separados" (Moisés, s.d: 270). Não é difícil ver como esse tipo de texto pode ser aproximado da poesia de Caeiro. Também nele, a poesia procura ressaltar o caráter fulgural da descoberta, chegando a se aproximar de uma experiência mística. Da mesma maneira que Lourenço, Perrone-Moisés concebe essa poesia como uma saída – nesse caso saída para a fratura interna do próprio criador da heteronímia – uma possibilidade de saúde em meio à doença do ser Pessoa.

Em ambos os casos, a poesia de Caeiro é concebida como uma evasão para o drama – poético ou pessoal – do próprio Pessoa. Seu papel não é, portanto, ser realista, mas buscar o impossível. Para Caeiro, esse impossível é justamente a linguagem poética.

## 3.2 Sentir tudo de todas as maneiras

Em Álvaro de Campos, os poemas nos quais há metalinguagem apontam para um caminho completamente oposto àquele proposto por Caeiro. Inventariando o volume dedicado ao autor pela Companhia das Letras também denominado *Poesia*, constatamos que ali há um texto que quer abarcar o todo. O livro, como foi explicado no primeiro capítulo, tem organização de Teresa Rita Lopes e se divide nas cinco fases por ela idealizadas. Do levantamento total dessas partes, resultaram 24 textos diferentes, nos quais o tema da metalinguagem é abordado[9]. Deter-nos-emos, a princípio, na segunda fase do autor e dentro dela obedecem aos nossos critérios os textos de número 8 e 24, que correspondem

---

9. Como a edição numera todos os textos, não será difícil para o leitor identificar aqueles poemas aos quais nos referimos: são eles os de número: 7, 8, 26, 49, 75, 98, 112, 116, 117, 120, 122, 144, 147, 152, 180, 181, 195, 207, 210, 211, 213, 214 e 219. Percebe-se que eles se encontram relativamente bem espalhados pelo volume, que contém ao todo 225 textos completos.

respectivamente a "Ode triunfal" e a "Saudação a Walt Whitman". É desses poemas que gostaríamos de falar agora.

No capítulo anterior, ficamos sabendo pela carta que Pessoa escreveu a Casais Monteiro que a "Ode triunfal" foi o poema no qual Campos inaugurou-se como heterônimo. Escrito em 1914, o texto é o grande exemplo do que ficou conhecido como sendo o estilo e a expressão do engenheiro. A ligação com o poeta é enfatizada por duas referências fictícias ao final do texto: uma pequena observação que serve de arremate para a obra, explica, entre outras coisas, que ela foi composta em Londres e faz parte de um livro intitulado *Arco do Triunfo*[10], de autoria de Álvaro de Campos, a ser publicado em breve.

No poema, há uma ânsia de fusão entre o eu e o mundo que o cerca, que se expressa através de um desejo meio carnal, meio antropófago, por tudo aquilo que é tipicamente moderno. A grande cidade, as fábricas, o comércio, os bens de consumo e os mais diferentes tipos humanos são exaltados com um arrebatamento que no passado só seria aceitável quando associado a grandes temas humanos. Não é o que acontece aqui: o olhar de Campos se detém tanto no pequeno, como no grande. Engrenagens de máquinas, vitrines, escândalos políticos, carros, cafés, prostitutas, navios, burgueses... nada, quer seja vil ou nobre, escapa à atenção do poeta.

No poema, Campos quer incorporar a si todas as coisas que vê. Em suas próprias palavras: "olhar é em mim uma perversão sexual!" (Pessoa, 2002: 87). Para isso invoca todas as suas sensações, todos os seus sentidos na apreensão da multiplicidade moderna, não basta a ele enxergar, mas quer também todos os cheiros, todos os sons, em um limite, quer que as coisas lhe entrem pela alma adentro. Esse movimento de antropofagia em direção a tudo o que é ruim ou bom,

---

10. De acordo com Cleonice Berardinelli (2004), era de fato intenção de Pessoa fazer publicar as grandes odes de Campos sob esse título. Dentre os muitos autógrafos descobertos por Teresa Rita Lopes, que podem, por sua vez, ser encontrados em *Pessoa por conhecer*, encontra-se um plano de publicação elaborado por Pessoa para esse livro. Segundo o esquema, o *Arco do Triunfo* incluiria nessa ordem: "Três sonetos"; "Opiário"; "Carnaval"; "Ode Triunfal"; "Ode Marítima"; "Ultimatum"; "Saudação a Walt Whitman"; "A Passagem das Horas"; "Ode Marcial"; "À Partida"; fragmentos de afirmações não especificados e "Arco de Triunfo".

passado ou presente, joga o poeta em uma vertigem de sensações que talvez se aproxime de um êxtase carnal. Para Fernando Cabral Martins, a multiplicidade ou simultaneidade de sensações é justamente a base do *Sensacionismo*, movimento idealizado por Fernando Pessoa, que se impôs, segundo ele, como a única grande contribuição de Portugal às vanguardas europeias.

No poema, essa simultaneidade é construída a partir da enumeração caótica (para usarmos aqui a consagrada formulação de Leo Spitzer) de substantivos relacionados aos campos da tecnologia, das cidades, da colonização, do comércio, ou seja, de tudo aquilo que conquistou o homem do início do século XX, mesmo em um país provinciano como Portugal. Versos polirrítmicos, de tamanhos pouco usuais – alguns com duas ou três palavras, outros que não cabem em uma linha – procuram contemplar a realidade sempre mutante dessas coisas. Frequentes elipses e uma profusão de frases nominais remetem muitas vezes ao discurso oral. Mais especificamente, dão a sensação de que o poeta tem tal quantidade de coisas a dizer (e tal ânsia em dizê-las) que não dá conta de formular uma frase completa. O ritmo acelerado do texto, a multiplicidade de estímulos verbais que provoca são índices de uma linguagem que se reconhece aquém daquilo que quer representar. De fato parece ser esse o caso, pois, a certa altura, as expressões de saudação com as quais o poeta dá boas vindas a todas as coisas modernas passam a se confundir com ruídos sem sentido.

O poema termina com um lamento sobre o qual gostaríamos de nos deter. Na última frase do texto, lê-se: "Ah não ser eu toda gente e toda parte!" (Pessoa, 2002: 90). A sentença é ambígua em sua própria estrutura elíptica e pode ser lida de pelo menos duas maneiras diferentes. É possível que nela o poeta, que anseia por abarcar toda a realidade circundante, se condoa de si mesmo por conta de sua incapacidade de fazer isso de maneira completa. Nesse caso, a frase seria uma elipse de algo como: "Ah [que pena] não [poder] ser eu toda gente e toda parte!" Mas a frase também pode ser entendida como uma manifestação do pesar do poeta que lamenta a própria índole que o impulsiona a uma busca impossível e cansativa, a de ser toda gente e toda parte. Segundo essa hipótese, o último verso do poema seria a elipse de uma frase diferente, algo como: Ah [como gostaria de] não ser eu toda a gente e toda parte!

Tendo em vista uma das características principais que marca a produção posterior de Campos, o cansaço, cremos que a segunda hipótese é a que melhor se encaixa aqui. A euforia e empolgação do engenheiro, em seus primeiros poemas, talvez já tragam em si a semente da sua posterior desagregação. Como a modernidade nos ensina, a apologia do novo e do contemporâneo se gasta muito rápido, e talvez o cansaço de Campos seja uma antevisão desse processo. No poema, os ruídos, que indicam o esgotamento de sua capacidade de nomear o mundo por meio da linguagem, misturam-se ao ruído das máquinas que Campos quer mimetizar ao grito humano por conta da angústia frente a uma realidade que não se deixa abarcar.

A primeira estrofe do poema já prediz essa conclusão:

[...]
Tenho os lábios secos, ó grandes ruídos modernos,
De vos ouvir demasiadamente de perto,
E arde-me a cabeça de vos querer cantar comum excesso
De expressão de todas as minhas sensações,
Com um excesso contemporâneo de vós, ó máquinas!
(Pessoa, 2002: 84)

A "Ode triunfal" tenta levar a compreensão humana ao limite. A tentativa de abarcar uma realidade desumana só é possível através da desumanização mesma do poeta e do seu dizer. Daí o sobrecarregamento de seus insuficientes sentidos corporais e, no limite, sua transformação em máquina.

"Saudação a Walt Whitman" vai fazer da impossibilidade de abarcar o mundo o seu tema. Como o próprio nome diz, no poema Campos saúda a Whitman, sua grande influência literária, como um irmão da modernidade. No texto, a poesia do norte-americano é proposta como um modelo daquilo que Campos procura alcançar ele mesmo: a união com o universo circundante. O estilo esfuziante e os grandes versos livres são os mesmos do poema anterior. Como há muitas versões e variantes elaboradas por Pessoa desse mesmo texto, é difícil definir em que direção se dá o seu desenvolvimento. Limitar-nos-emos, portanto, a dizer que aqui há uma busca, não somente de uma fusão com o cosmos, mas também de uma união com o próprio Walt Whitman e sua literatura – vistos como uma espécie de passe para a totalidade moderna. Esse encontro poético vem permeado por uma aspiração sexual que, às vezes, transforma-se em pulsão de morte, e o poeta revela, então, desejo de ser morto ou triturado pela máquina/texto moderno. No que diz respeito à metalinguagem, escolhemos dois fragmentos específicos para trabalhar aqui. São eles:

r
O verdadeiro poema moderno é a vida sem poemas,
É o comboio real e não os versos que o cantam
É o ferro dos rails, dos rails quentes, é o ferro das rodas, é o giro real delas.
E não os meus poemas falando de rails e de rodas sem eles.

s
No meu verso canto comboios, canto automóveis, canto vapores,
Mas no meu verso, por mais que o ice, há só ritmos e ideias,
Não há ferro, aço, rodas, não há madeiras, nem cordas,
Não há a realidade da pedra mais nula da rua,
Da pedra que por acaso ninguém olha ao pisar
Mas que pode ser olhada, pegada na mão, pisada,

E os meus versos são como ideias que podem não ser compreendidas.

O que eu quero não é cantar o ferro: é o ferro.
O que eu penso é dar só a ideia do aço – e não o aço —
(Pessoa, 2002: 169)

Os trechos são dois grandes lamentos pela literatura não ser capaz de apreender a vida, ou ainda pela literatura não ser própria à vida. A sensação que temos é a de que, na medida em que Campos cria textos e não coisas, ele não se sente um verdadeiro criador. O fato de que há várias versões para "Saudação a Walt Whitman" e uma enorme prolixidade de assuntos incluídos no texto em grandes frases, parece indicar a busca de uma formulação total e, por isso mesmo, impossível. De uma maneira diferente, temos aqui um avanço da ideia anterior:

a de que aqui a vida é excessiva para ser captada pelo poema. Mesmo desanimadora, essa tarefa não deixa de ser assumida pelo poeta. Mas, na fase seguinte, a futilidade dessa tentativa se revelará justamente no esgotamento das palavras e no cansaço do poeta[11].

Na segunda fase de Campos, o eu deseja tudo, quer tudo. E incorpora em si mesmo o mundo que deseja. Isso funciona tanto para o bem como para o mal. Em outros poemas, nos quais a questão da metalinguagem não foi colocada, pudemos identificar essa mesma questão. Nas odes "Marítima" e "Marcial" o poeta figura-se em situações de violência nas quais se identifica tanto com a vítima quanto com o agressor. Na "Passagem das horas" o desejo de abarcar o mundo e de sentir tudo é assumido como proposta teórico/ literária. É importante ressaltar que, ao fazer isso, o poeta procura se ligar à realidade que quer abarcar em um nível pessoal, fazendo alusão a si mesmo enquanto autor. Em seus poemas, Campos fornece marcas que contextualizam sua feitura, indicando, por exemplo, os locais e datas em que foram escritos: assim a "Ode Triunfal" foi escrita na cidade de Londres e a "Ode Marítima" parece ser situada no Terreiro do Paço, de onde o poeta observa os barcos. Várias vezes, Campos faz alusão à sua profissão de engenheiro, em outras, descreve a sua própria aparência, fornece dados sobre seu passado ou sua família.

O período das grandes odes vai até mais ou menos 1917. Depois dessa data há um intervalo nas produções de Campos, que só volta a escrever em 1923. Esse hiato é justificado no próprio texto com o qual reinaugura sua escrita *Lisbon revisited* (1923). O poema dá a entender que Campos tenha passado os seus anos de silêncio no exterior e que sua volta a Portugal marca a retomada de sua escrita. Na edição brasileira da editora Nova Aguilar, esse intervalo de tempo é claramente perceptível pelas datas dos poemas. Na edição da Companhia das Letras nem tanto, uma vez que nem todos os poemas ali inclusos trazem datas. Alguns críticos, Cabral Martins entre eles, ressaltam o fato de que a afasia de Campos tenha ocorrido justamente depois da morte de Sá-Carneiro

---

11. Como Caeiro, Campos rejeita a linguagem, preferindo atribuir ao mundo das coisas a "verdadeira" poesia.

e relacionam com isso a sua afasia momentânea. Para ele, a obra de Campos foi feita grandemente em diálogo com essa outra figura do modernismo português, e uma marca disso é a dedicatória de "Opiário", supostamente o primeiro poema de autoria do engenheiro. Com sua morte, crê Cabral Martins, a motivação para escrever sob o nome de Campos arrefece em Pessoa. Daí o intervalo.

Concordamos com Jacinto do Prado Coelho quando encaixa toda a produção de Campos posterior a *Lisbon revisited* (1923) em uma única terceira fase. Para nós, e também para ele, as produções que se seguem a esse poema têm uma característica comum interessante. Nelas, esgota-se a euforia dos primeiros tempos, e o texto passa a revelar um eu cansado e descrente. É como se Campos tivesse se consumido com a experiência do estrangeiro e voltasse agora a Portugal saturado de tudo o que viu.

Em termos metalinguísticos, os poemas dessa época revelam uma enorme descrença em relação à poesia e à linguagem humana em geral[12]. O resultado é uma profunda autoironia: o poeta considera que seus próprios versos são inúteis, uma vez que não dizem nada; e chega a compará-los a passatempos fúteis como bordar ou jogar paciência. O motivo para esse desânimo já foi abordado aqui: Campos julga que a verdade está fora da poesia e está cansado de tentar apreendê-la sem resultados[13].

Esse apagamento da vontade não implica qualquer tipo de diminuição estética para seus textos. Muito pelo contrário, talvez os maiores poemas de Campos sejam justamente aqueles em que a falência do sentido é tematizada, como acontece em certos trechos de "Tabacaria", texto de 1928:

> Mas o Dono da Tabacaria chegou à porta e ficou à porta.
> Olho-o com desconforto da cabeça mal voltada

---

12. De novo, como acontece em Caeiro, apesar das óbvias diferenças entre eles.
13. Segundo Octávio Paz, em *Os filhos do barro*, a modernidade, ao instituir o novo como valor, anuncia os seus próprios limites. Daí o sentimento de tédio e decadência presente em tantos autores modernos (Baudelaire é o exemplo por excelência) serem intrínsecos aos movimentos da época.

E com o desconforto da alma mal-entendendo.
Ele morrerá e eu morrerei.
Ele deixará a tabuleta, eu deixarei versos
A certa altura morrerá a tabuleta também, e os versos também.
Depois de certa altura morrerá a rua onde esteve a tabuleta,
E a língua em que foram escritos os versos.
Morrerá depois o planeta gigante em que tudo isto se deu.
Em outros satélites de outros sistemas qualquer coisa como gente
Continuará fazendo coisas como versos e vivendo por baixo de coisas como [tabuletas,
Sempre uma coisa defronte da outra,
Sempre uma coisa tão inútil como a outra,
Sempre o impossível tão estúpido como o real
Sempre o mistério do fundo tão certo como o sono de mistério da superfície,
Sempre isto ou sempre outra coisa ou nem uma coisa nem outra.
(Pessoa, 2002: 293)

Aqui, as repetições visam igualar, ou melhor, nivelar por baixo, coisas de natureza, a princípio, bastante diferentes, tornando isto ou aquilo, versos ou tabuleta iguais em sua inutilidade. Se na fase anterior de Campos a vertigem era gerada por uma acumulação exagerada de substantivos diferentes, agora a mesma vertigem é fruto da repetição de termos semelhantes, ou mesmo idênticos. Em "Insônia", poema de 1929, essa estratégia é levada ao limite:

[...]
Estou escrevendo versos realmente simpáticos –
Versos a dizer que não tenho nada que dizer,
Versos a teimar em dizer isso,
Versos, versos, versos, versos, versos...
Tantos versos...
E a verdade toda, e a vida toda fora deles e de mim!
(Pessoa, 2002: 326)

Para o Campos maduro, tudo se iguala em uma repetição contínua e sem sentido que visa demonstrar a inutilidade total da poesia.

Nessa nova perspectiva, o escrever não tenta mais acompanhar o movimento do mundo, mas é um índice da inação do próprio poeta:

> Meus versos são a minha impotência.
> O que não consigo, escrevo-o;
> E os ritmos diversos que faço aliviam a minha cobardia.
> (Pessoa, 2002: 345)

Dentro desse contexto, é compreensível que Campos tenha uma visão pessimista a respeito de si mesmo enquanto escritor. A seguir, ele formula essa percepção de forma a ecoar Baudelaire[14], comparando sua grinalda de poeta a flores de papel:

> [...]
> Minha grinalda de poeta – eras de flores de papel,
> A tua imortalidade presumida era o não teres vida.
> Minha coroa de louros de poeta – sonhada petrarquicamente,
> Sem capotinho mas com fama,
> Sem dados mas com Deus –
> Tabuleta [de] vinho falsificado na última taberna da esquina!
> (Pessoa, 2002: 355)

Ou ainda, que despreze os livros como fonte de um saber inútil:

> Há tantos deuses!
> São como os livros – não se pode ler tudo, nunca se sabe nada.
> (Pessoa, 2002: 356)

O novo Campos termina por ver sua juventude poética como um tempo idealizado, perdido no passado. Por vezes ele aproxima essa experiência à do sonho, um mundo no qual tudo é possível, mas onde o poeta só pode viver temporariamente. Em outras ocasiões, o engenheiro se congratula por conseguir aproximar o seu fazer de formas tradicionais da lírica, usando sonetos ou rimas. É quase como se Campos não se considerasse um poeta ele-mesmo, e em uma das cartas de sua autoria escrita a José Pacheco em 1922, ou seja, em seu período de

---

14. O leitor deve se lembrar que no texto XLVI de *Pequenos poemas em prosa*, Baudelaire metaforiza a decadência do *status* do poeta através da perda da auréola.

relativo silêncio, ele dá voz a essa sensação afirmando: "Fui em tempos poeta decadente; hoje creio que estou decadente, e já não o sou" (Pessoa, 1999: 406). Em um dos últimos poemas de sua produção ouve-se um lamento por conta, justamente, de suas grandes odes, que ficaram no passado e que não são mais recuperáveis por esse eu desencantado:

> Mas, ah!, minha *Ode Triunfal*,
> O teu movimento rectilíneo!
> Ah, minha *Ode Marítima*
> (Pessoa, 2002: 460)

### 3.3 Quero versos que sejam como joias

Também publicado pela Companhia das Letras, o livro *Poesia* de Ricardo Reis foi organizado de uma maneira um pouco diferente dos volumes anteriores. Manuela Parreira da Silva optou por dividir a produção do heterônimo médico em duas partes principais, de acordo com o critério de publicação adotado pelo próprio Pessoa em vida. Na primeira parte, denominada "Odes – livro primeiro", foram incluídas as vinte odes publicadas sob esse mesmo título no primeiro número da Revista *Athena* em 1924[15] e já mencionadas aqui. A segunda parte inclui todos os outros poemas de Reis que não foram objeto de uma organização específica por parte de Pessoa. No caso de Ricardo Reis, a quantidade de textos explicitamente metalinguísticos é ainda menor que a de Caeiro e Campos. Ao todo são 11 textos, sendo que 9 destes podem ser considerados poemas completos e dois meras variantes.

Na primeira parte, a temática da poesia aparece nos textos I e VII; na segunda parte, os textos 44, 56, 102, 128, 134, 149 e 165[16] lidam

---

15. No prefácio à edição da Companhia das Letras no Brasil, Manuela Parreira da Silva explica que Pessoa havia planejado cinco livros de odes para Ricardo Reis. O primeiro deles foi o único publicado e corresponde justamente aos textos incluídos na revista *Athena*.
16. A diferença entre numerais romanos e arábicos foi estabelecida pela própria edição, que usou os primeiros para encabeçar os poemas publicados na *Athena* e os segundos para identificar os demais textos do livro.

com a mesma temática. Ao ler o apêndice, descobrimos que os poemas de número III e VI têm variantes nos quais os termos como *livros* e *versos* aparecem. Na maioria desses casos, a poesia aparece estreitamente ligada a um ideal de artificialidade que informa seu fazer. Na poesia de Reis há pouco espaço para a inspiração ou espontaneidade, e os poemas listados acima dão testemunho de um constante trabalho com os versos, aos moldes do que faz um artesão. O resultado é uma poesia que se projeta para o futuro, solidamente construída, buscando o universal para além daquilo que é cotidiano ou comezinho. Exemplo disso pode ser encontrado já no primeiro poema do "Livro de odes", que assim se segue:

> Seguro assento na coluna firme
> Dos versos em que fico,
> Nem temo o influxo inúmero futuro
> Dos tempos e do olvido;
> Que a mente, quando, fixa, em si contempla
> Os reflexos do mundo,
> Dele se plasma torna, e à arte o mundo
> Cria, que não a mente.
> Assim na placa o externo instante grava
> Seu ser, durando nela.
> (Pessoa, 2000: 15)

Reis revela aqui que para ele a poesia é algo estável em um mundo cambiável, e sua função é fixar o ser fazendo-o resistir ao tempo e preservando-o do esquecimento e das intempéries futuras. Para isso, nada mais adequado do que um ideal de arte universal, no qual a rigidez retórica ou mesmo a artificialidade são valorizadas. De fato, podemos constatar traços dessas ideias na própria forma do poema acima: as inversões sintáticas, a metrificação pouco usual com versos de 10 e 6 sílabas, o vocabulário arcaico, entre outras coisas.

Ironicamente, esse projetar-se para o futuro se baseia em um diálogo com um passado distante. Os clássicos romanos, Horácio principalmente, são a grande influência de Reis. Desse poeta antigo herdou o tema do estoicismo, vários *topoi* mitológicos, mas, principalmente, herdou as musas Lídia, Neera e Cloé. Em alguns dos textos levantados por nós, Reis assume explicitamente os clássicos como um valor e menciona o próprio Horácio pelo nome em mais de uma ocasião.

> Quero versos que sejam como jóias
> Para que durem no porvir extenso
> E os não macule a morte
> Que em cada cousa a espreita,
> Versos onde se esquece o duro e triste
> Lapso curto dos dias e se volve
> À antiga liberdade
> Que talvez nunca houvemos.
> Aqui, nestas amigas sombras postas
> Longe, onde menos nos conhece a história
> Lembro os que urdem, cuidados,
> Seus descuidados versos.
> E mais que a todos te lembrando, escrevo
> Sob o vedado sol, e, te lembrando,
> Bebo, imortal Horácio,
> Supérfluo, à tua glória
> (Pessoa, 2000: 85)

Para Reis, a escrita e os livros são valorizados como uma forma de preservar os ideais e a sabedoria do passado. Ao contrário do que acontece com os outros heterônimos, portanto, Reis não manifesta desconfiança com a palavra poética ou com seu ofício de escritor, mas busca se igualar, por meio do trabalho, aos seus modelos e compor versos que contenham um saber próprio, semelhante ao dos clássicos:

> Eu quisera, Neera, que o momento,
> Que ora vemos, tivesse
> O sentido preciso de uma frase
> Visível nalgum livro.
> (Pessoa, 2000: 167)

Essa busca não é feita sem sacrifícios. Em diversos momentos do livro percebe-se que a poesia de Reis repudia os bens tradicionalmente valorizados pela nossa cultura e tenta eleger uma maneira própria de lidar com o mundo. O poeta, em sua indiferença à realidade mundana, cria em seu texto um espaço de leis próprio, muito diferentes daquelas vivenciadas por nós, seres humanos reais. Nesse contexto, impassibilidade diante do que acontece no mundo chega a ser uma das propostas centrais. Esse médico, de educação clássica, defende o desapego total àquilo que é terreno e propõe um mundo de calma e harmonia, em que a riqueza, a fama e as paixões não importam: "Pouco me importa/ Amor glória,/ A riqueza é um metal, a glória é um eco/ E o amor uma sombra" (Pessoa, 2000: 59); "Que trono te querem dar/ Que Átropos não to tire?/ Que louros que não fanem/ Nos arbítrios de Minos?/ Que horas que te não tornem/ Da estatura da sombra" (Pessoa, 2000: 41).

O exemplo mais claro disso é o poema "Os jogadores de xadrez" já comentado anteriormente, em nota de rodapé. O texto, uma peça narrativa, nos conta a respeito de uma lenda da Pérsia antiga. Segundo ela, dois jogadores de xadrez tradicionalmente entretinham-se com esse passatempo em uma colina próxima ao lugar em que viviam. Um dia, entretanto, seu país sofreu uma invasão inimiga. Quando sua cidade natal foi finalmente atacada, ao invés de se apavorarem ou correrem para salvar a própria vida, os parceiros continuaram tranquilamente a jogar. Do lugar onde estavam, à sombra de uma árvore, os dois podiam ouvir os sons da destruição que se alastrava por perto, os gritos das mulheres e das crianças e o barulho do fogo que consumia as construções. Entretanto, seu passatempo não é perturbado por qualquer preocupação com os seus bens materiais, com a vida de seus familiares e nem mesmo com sua própria segurança física. Finalmente, os soldados atingem a colina e os jogadores acabam por morrer nas mãos dos inimigos, mas, mesmo nesse último momento, o único cuidado de ambos era com as peças que tinham em mãos. O eu-lírico conclui o poema explicitando que os jogadores são uma metáfora dos seres humanos em geral que, em face aos percalços da vida, devem continuar a se dedicar ao lúdico, visto que tudo mais é inútil.

Como foi dito anteriormente, esse texto, apesar de não ter entrado em nosso primeiro inventário sobre a metalinguagem, metaforiza, no jogo de xadrez, a situação do lúdico – e também a da arte – em relação à condição humana. Talvez seja até possível ver no texto uma reflexão específica sobre a poesia, como concebida formalmente por Reis. Pelo menos é essa a tese implícita em *O tabuleiro antigo*, livro clássico de Maria Helena Nery Garcez. Nesse texto, a professora da USP se baseia justamente no poema em questão para defender a tese de que as odes de Reis são concebidas como um jogo de xadrez em que se embatem o sujeito e as forças superiores do destino. "Com muita frequência, o esquema das odes é: o reconhecimento do lance da força superior (a tomada de consciência) e o convite, no imperativo, a que acompanhemos Reis nas que, segundo, ele, seriam as soluções mais sábias para o problema" (Garcez, 1990: 14). Um bom exemplo disso pode ser constatado na "Ode IV":

> Não consentem os deuses mais que a vida.
> Tudo pois refusemos, que nos alce
> A irrespiráveis píncaros,
> Perenes sem ter flores.
> Só de aceitar tenhamos a ciência,
> E, enquanto bate o sangue em nossas fontes,
> Nem se engelha connosco
> O mesmo amos, duremos,
> Como vidros, às luzes transparentes
> E deixando escorrer a chuva triste,
> Só mornos ao sol quente,
> E reflectindo um pouco.
> (Pessoa, 2000: 16)

Percebe-se que o poema começa com uma afirmação geral a respeito do destino, personificado na figura dos deuses: "Não consentem os deuses mais do que a vida". O verso, que coloca um problema específico para o ser humano, na medida em que implica uma restrição de seu campo de ação, será mote para a réplica de Reis. Esta se desdobrará, por sua vez, em um raciocínio maior no qual podemos identificar uma série de sugestões para lidar com o problema inicial. Reis, entretanto, não propõe contornar o destino, mas simplesmente nos aconselha a submetermo-nos a ele. Independentemente dessa conclusão conciliatória, podemos constatar aqui uma estrutura de lance e resposta, que será associada por Garcez justamente ao embate encenado no jogo de xadrez.

Voltando ao texto, podemos dizer que, para alcançar o lúdico artístico é preciso ser impassível frente a todas as mazelas que nos cercam e desprezar os bens do mundo, quer eles sejam materiais ou não. O tipo de desprendimento que propõe Reis parece quase impossível, tão irreal quanto a medida literária que ele quer alcançar em seus versos.

Assim, no início do século XX, vivendo na Europa e no turbilhão das vanguardas artísticas e dos acontecimentos políticos que assolaram o continente nesse período – aqui devemos mencionar, especialmente, os conflitos relativos à Primeira Guerra Mundial que foram justamente contemporâneos ao poema "Os jogadores de Xadrez" de 1916 – Reis, explicitamente se nega ao diálogo com seu tempo, por meio de uma fuga em direção aos ideais romanos de estoicismo e contenção.

O próprio Pessoa, na carta a Casais Monteiro, já mencionada aqui, explica que foi preciso uma enorme autodisciplina e purismo linguístico para escrever em nome de Reis. Segundo ele, suas odes surgem a partir de um pensamento abstrato que se materializa na forma de texto. Nesse contexto, cabem às palavras buscar a medida certa para expressar o pensamento, ou nas palavras de Reis:

> Ponho na altiva mente o fixo esforço
> Da altura, e à sorte deixo,
> E as suas leis, o verso;
> Que, quando é alto e régio o pensamento,
> Súbdita a frase o busca
> E o escravo ritmo o serve.
> (Pessoa, 2000: 18)

O resultado é um texto que, frequentemente, nega a realidade do mundo e tenta se constituir em um lugar no qual reinam regras próprias. Em um poema de 1923, Reis assume essa ideia como estratégia:

> Não canto a noite porque no meu canto
> O sol que canto acabará em noite.
> Não ignoro o que esqueço.

Canto por esquecê-lo.

(Pessoa, 2000: 87)

De modo que, se Caeiro quer a essencialidade da coisa e Campos a multiplicidade moderna, talvez seja o caso de dizer que Reis quer a medida certa, um lugar intermediário entre o nada da proposta de Caeiro e o tudo da proposta de Campos.

Sob a perspectiva que adotamos aqui, a da metalinguagem, é possível uma comparação entre as três principais figuras elaboradas por Pessoa. Caeiro procura se inserir em um cosmos natural e organizado, do qual mimetiza as regras. Assim, busca em sua poesia a espontaneidade instintiva dos seres da natureza, procurando produzir textos seguindo o modelo das árvores e plantas que produzem flores. Campos canta a modernidade e o deslumbre com o século XX – as cidades, o novo colonialismo, as práticas mercantis da contemporaneidade e os tipos humanos a elas associados. Sua poesia procura abarcar esse todo, tendo a máquina como modelo de expressão. Já Reis procura, na associação com um universo artístico maior, a estabilidade do eu e a perpetuidade do pensamento. Assim, faz da rigidez poética sua norma e erige o belo como um ideal final.

Todas essas propostas casam relativamente bem com a ficção que Pessoa inventou para os seus personagens escritores. Caeiro tem um cotidiano sossegado no interior campestre de Portugal. Nunca trabalhou, e vive modestamente com o pecúlio que herdou de uma tia, em uma casa ao meio do outeiro. Campos deixou sua pátria muito cedo, viveu e estudou no exterior, e voltou a Portugal sentindo-se vazio e despatriado. Sua experiência profissional, a de engenheiro naval, colocou-o em contato com a tecnologia moderna e com as práticas comerciais da contemporaneidade. Reis é um conservador de educação clássica. Vivendo em um momento político conturbado que sucedeu ao regicídio e ao fim da monarquia em Portugal, resolveu exilar-se no Brasil. Sendo médico por profissão, talvez possamos assumir que a contingência e o sofrimento humano façam parte de seu cotidiano.

Pode-se argumentar, como muitos têm feito, que os heterônimos não se distinguem tão bem uns dos outros como gostaríamos de representar aqui. E que, talvez, os três tenham mais em comum do que queremos reconhecer. Eduardo Lourenço é um dos críticos que propõem aproximações pertinentes entre as diferentes facetas da obra pessoana, vendo semelhanças, por exemplo, entre a melancolia demonstrada por Reis, em seus poemas finais, e os ideais manifestos nos poemas dramáticos "Fausto I, II e III". Para ele, também Caeiro e Campos estão próximos, na mediada em que ambos se filiam à estética whitmaniana. Jacinto do Prado Coelho é outro que faz associações temáticas e estilísticas completamente diversas, mas de maneira igualmente inteligente, tomando como base esses mesmos elementos. Aproxima, por exemplo, a poesia de Reis, em seu barroquismo, do estilo da *Mensagem*, e explicita estratégias estilísticas que são comuns a toda a produção pessoana, como a utilização de frases em negativa simples – resultado da contaminação do inglês[17] – ou a atribuição de complemento a verbos tradicionalmente intransitivos[18].

No que diz respeito àquilo que os heterônimos assumem verbalmente como pensamento sobre a própria poesia ou sobre seu fazer de poeta, acreditamos, entretanto, que seja possível identificar três tipos distintos de proposta literária. Para nós, importa menos o modo de realização dessas propostas e suas possíveis semelhanças ou diferenças com outras realizações de Pessoa, do que a sua existência como horizonte de expectativa. Afinal, nossa abordagem tenta mostrar justamente como os heterônimos representam ideais poéticos incompatíveis com o mundo. O primeiro encarna a inocência impossível; o segundo, a essência da modernidade e o terceiro, a torre de marfim da arte. Suas

---

17. Os falantes de língua portuguesa tradicionalmente compõem sentenças negativas utilizando-se de duas partículas indicativas desse teor. Assim, em uma frase como "Não quero nada", *não* e *nada* expressam ambas negação. Na língua inglesa a negativa é feita de maneira diferente, e normalmente emprega uma única partícula, no lugar de duas. Assim, frases como: "I want nothing" ou "I don't want anything" estão corretas. Pessoa transporta essa estrutura para o português e cria frases como "Quer nada: serás livre" (Pessoa, 2000: 121).
18. No português, verbos como dormir, morrer, ir, vir, voltar, chegar e muitos outros não precisam de complemento e são considerados intransitivos. Pessoa, contudo, constrói frases nas quais atribui complemento justamente a tais verbos. Um exemplo é: "Dormir tudo" (Pessoa, 2007: 204).

propostas impossíveis só podem subsistir na medida em que são fruto de ficções elas mesmas, quase como se os três fossem a figuração de estilos, e não de pessoas.

Apesar de suas diferenças nesse sentido, os três reconhecem uns aos outros como iguais através de uma consideração pública, explicitada em alguns de seus textos. O leitor deve se lembrar de que Reis e Campos compõem poemas dedicados a Caeiro e que este, por sua vez, tem um texto no qual homenageia Reis e um possível diálogo fictício com Campos, no qual os dois discutem o vento. O próprio embate de ideias que por vezes vemos entre eles demonstra que todos estão em um mesmo âmbito e se respeitam mutuamente por isso. Tal reconhecimento não é estendido, entretanto, a Fernando Pessoa. A única menção que recebe na poesia de seus colegas, como foi dito, tem lugar em um poema satírico de Campos, que coloca em verso uma ácida crítica ao drama "O marinheiro".

Vemos aqui uma situação muito semelhante àquela reproduzida no quadro de Zurbarán. Os heterônimos, quer por meio da oposição ou da síntese, voltam-se sobre si mesmos em um movimento muito semelhante ao das mulheres auxiliares. Como elas, Caeiro, Campos e Reis se colocam em outro nível de realidade, representando tipos literários ideais. Nesse mundo, entretanto, não há lugar para o ortônimo. No capítulo a seguir, veremos como essa experiência de exclusão é tematizada na poesia do Fernando Pessoa ele mesmo.

## 4 UM, NENHUM, CEM MIL

No capítulo anterior estabelecemos, inicialmente, uma continuidade entre a ficção heteronímica e a poesia de Campos, Caeiro e Reis, através das ideias de Fernando Cabral Martins. Como o leitor deve lembrar-se, esse estudioso ressalta o aspecto romanesco de toda a construção pessoana, explicando que elementos da biografia dos heterônimos são incluídos na composição de seus textos líricos. No que diz respeito aos heterônimos, portanto, prosa e poesia se casam formando, talvez, um único e grande texto, habitado por essas personagens, seus estilos e idiossincrasias. No caso do ortônimo, a mesma ligação deve ser pensada com um pouco mais de cuidado: afinal, se Caeiro, Reis e Campos são necessariamente personagens, Fernando Pessoa, como tentamos mostrar, tem um estatuto ambíguo.

Acreditamos, contudo, que, em certa faceta lírica ortonímica[1], fala um eu muito parecido àquele descrito no segundo capítulo (um sujeito inserido dentro de um mundo literário, mas que não pertence totalmente a ele) e que, nesse caso, seria sim legítimo estabelecer uma identidade entre o Fernando Pessoa da prosa e o da lírica. No presente capítulo tentaremos aproximar essas duas figuras, mostrando como o estatuto delas dentro da obra é parecido. Nosso objetivo final é mostrar que também na poesia fala um ser híbrido, que compartilha do duplo estatuto de autor e personagem, ou ainda, de autor e eu lírico.

Misturar essas duas categorias, entretanto, vai contra certos pressupostos básicos da teoria literária, afinal, em um limite, implica em

---

1. Estamos falando da poesia que corresponde ao Fernando Pessoa-lírico, categoria que será explicada um pouco mais adiante.

uma não diferenciação entre fato e ficção. Contra isso, argumentamos que, como viemos mostrando até agora, a proposta de Fernando Pessoa é de tal radicalidade que o uso de noções tradicionais da metodologia literária falha ao apreender certos aspectos de sua obra. O que estamos tentando fazer, no presente ensaio, é justamente contornar esse problema através da relativização de dicotomias como vida e obra, verdade e artifício, fato e ficção, que são problematizadas no corpo mesmo da obra pessoana.

Para nos guiarmos nesse terreno pantanoso, faremos uso, portanto, de trabalhos que já se aventuraram nesse campo. Tentativas de aproximar autor e eu-lírico já foram feitas por aqueles que procuram relacionar autobiografia e poesia. Phillipe Lejeune é talvez o mais célebre deles, mas aqui preferimos nos guiar pelas propostas de Dominique Rabaté, que em um artigo intitulado "Poésie et autobiographie: d'un autre caractere?", publicado em *L'irressemblence: poésie et autobiographie* (2007), trabalha especificamente com a ideia de que, em certos textos poéticos, é possível falar de um eu-lírico personagem, mesmo quando não está em questão uma poesia dramática como a de Robert Browning, ou romanceada como a dos heterônimos de Pessoa. Rabaté usa o modelo da autobiografia para embasar seu argumento. Para ele, algumas autobiografias seguem em seu estilo e estrutura o modelo de romances e o resultado é que o escritor-protagonista acaba figurado como um personagem. O exemplo dele é Rousseau, que em suas *Confissões*, ao utilizar-se do romance picaresco como modelo, termina retratando a si mesmo com o mesmo enfoque que normalmente se dá a um personagem de ficção.

Rabaté, entretanto, descarta essa possibilidade no que diz respeito à poesia moderna. Para ele, nesse tipo de texto fala um eu dessubjetivado, que procura negar a identidade do sujeito consigo mesmo. Sob um determinado ponto de vista, essa descrição parece se ajustar bastante bem à poesia ortônima. Como tentaremos mostrar a seguir, a representação do eu que fala na lírica assinada por Pessoa ele-mesmo se pauta principalmente pela dúvida. O poeta se pergunta constantemente quem é, o que sente, o que quer, e assim por diante. Ironicamente, entretanto, acreditamos que é justamente esse o traço que o liga ao ortônimo representado na prosa – inferior e sem personalidade em comparação aos heterônimos. Vejamos como isso se dá.

## 4.1 Vertigens do eu (II)

Em nosso estudo da poesia ortônima, procuramos contemplar aquilo que Jacinto do Prado Coelho denomina "Fernando Pessoa lírico". Essa categoria, proposta em *Diversidade e unidade em Fernando Pessoa*, engloba todas as obras assinadas com o nome do autor, com exceção dos *Poemas ingleses*, de *Mensagem*, de *Quadras ao gosto popular* e dos poemas dramáticos ("Fausto I, II e III" e "O Marinheiro")[2]. Na edição da Aguilar, *Poesia completa*, isso corresponde aos títulos "Cancioneiro", "Inéditas 1919-1935" e "Novas poesias inéditas". Já na organização da Companhia das Letras, a obra do Pessoa lírico engloba um total de três livros *Poesia 1902-1917*, *Poesia 1918-1930* e *Poesia 1930-1935 e não datada*. Essa separação se deu por conta de nosso desejo de privilegiar uma faceta específica da obra do poeta, aquela que o próprio Pessoa planejou publicar sob o nome de *Cancioneiro*[3] e que se consagrou na edição da Ática como expressão máxima da poesia ortônima. Assim, Jacinto do Prado Coelho descreve essa produção:

> Nele [Pessoa ortônimo] há quase apenas a expressão musical e sutil do frio e do tédio e dos anseios da alma, de estados quase inefáveis em que se vislumbra por instantes "uma coisa linda", nostalgias de um bem perdido que não se sabe qual foi [...] (Coelho, 1977: 47)

Nosso levantamento contemplou as duas edições brasileiras mencionadas no parágrafo anterior, a da editora Aguilar e a da Companhia

---

2. Nisso, seguimos o exemplo da comissão organizadora da editora Assírio & Alvim, que separa as obras do Pessoa lírico dessas demais produções, apresentando-as sob títulos diferentes e publicando-as em volumes separados. Há, inclusive, aqueles que acreditam que a diferença entre as obras mencionadas aqui é de tal magnitude que talvez elas pudessem ser consideradas como produções heteronímicas que só coincidentemente saíram com o nome de Fernando Pessoa.
3. Para mais informações a respeito, vide o verbete "Cancioneiro" de Manuela Parreira da Silva, incluído no *Dicionário de Fernando Pessoa e do Modernismo Português*.

das Letras. A primeira dessas fontes bibliográficas foi utilizada em busca de uma visão panorâmica da obra e a segunda se prestou à observação do detalhe. Ao contrário do que foi feito anteriormente, nosso estudo concentrou-se menos na proposta literária do texto e mais no *sujeito* que se expressa poeticamente dentro dele. Buscamos, mais especificamente, delimitar os parâmetros de representação desse eu, ou seja, levantar aquilo o poeta diz a respeito de si mesmo, de sua *persona lírica*, enquanto sujeito. Esse critério nos forneceu um material incrivelmente vasto, uma vez que a questão em que nos detivemos é justamente um dos grandes temas da poesia ortonímica. E para limitar um pouco o nosso escopo, decidimos focar-nos especificamente no segundo volume da Companhia das Letras, aquele que engloba os anos que vão de 1918 a 1930.

O livro compreende, segundo nosso levantamento mais geral, o momento mais rico da produção ortonímica naquilo que toca diretamente nosso tema. Superada a dispersão da juventude e a fase na qual se elaboram as bases da heteronímia, o ortônimo surge nesses anos como um ser maduro e focado, concentrando justamente as propriedades que o canonizariam mais tarde. Ironicamente, aquilo que marca a expressão pessoal do ortônimo, nessa época, é justamente sua falta de caráter individual. Na próxima sequência, o leitor entenderá o porquê.

Em nosso levantamento procuramos delimitar imagens, comparações e metáforas que são utilizadas pelo poeta para se referir a si mesmo, definindo-se enquanto um eu. Estratégias voltadas para a representação do eu se encontram salpicadas por todo livro: há poemas que se concentram especificamente nesse assunto e, sempre que possível, tentaremos incluí-los por inteiro aqui. Nos demais casos, entretanto, foi usada uma abordagem compartimentada, que procura destacar a representação do sujeito de quaisquer outras questões a princípio envolvidas no texto. Esse olhar fragmentador é necessário por conta da enorme quantidade de material que temos em mãos. Incluir questões outras em nossa pesquisa, por mais pertinentes que sejam, tornariam nosso estudo infindável.

Qualquer leitor minimamente familiarizado com a obra de Pessoa sabe que a representação do eu na poesia ortônima gira em torno de certos temas. E se dissemos anteriormente que o ortônimo se caracteriza justamente por sua falta de caráter específico, é porque o vazio é o principal deles. Em *Poesia 1918-1930*, livro que foi estudado por nós em detalhe, encontramos mais de cem ocasiões em que o eu é associado a imagens do vazio. Por vezes, essa associação é feita de maneira explícita, em outras ocasiões, o vazio é evocado através de associações múltiplas. Como foi dito, há poemas inteiros dedicados ao tema, mas tais formulações também podem aparecer secundariamente em meio a assuntos que a princípio pouco tem a ver com elas. A seguir, gostaríamos de fazer um pequeno inventário das principais formulações usadas pelo eu da lírica ortônima para falar de si mesmo. Podemos adiantar que elas envolverão associações ligadas ao vazio, à fragmentação, ao abandono e a um descompasso entre o eu e seus desejos, com a palavra que o traduz e, em um limite, consigo mesmo.

Como foi dito, a dúvida ou a indecisão a respeito de si é uma das grandes marcas do sujeito que aparece na poesia de Fernando Pessoa ele mesmo. Nas 487 páginas que examinamos em detalhe, referentes ao livro *Poesia 1918-1930* já mencionado aqui, achamos diferentes formulações através das quais o eu explicitamente se pergunta quem é ou, ainda, afirma não conhecer a si mesmo: "Quem sou?" (p. 145)[4]; "Que é esta alma indefinida?" (p. 424), "Quem sou não me conhece" (p. 194), "Não sei nem me conheço" (p. 162), "Nada me conhece ou consola" (p. 357), são algumas delas. Frequentemente, enunciados como esses são acompanhados por estratégias estilísticas que visam reproduzir, no plano da forma, as mesmas sensações de confusão e incerteza expressas no plano semântico. Alguns exemplos disso são: inversões sintáticas – "Quem sou não sei" (p. 111) – alterações ou sons repetitivos – "Sou quem sou sem ser quem sou" (p. 82) – ou ainda ritmos cantantes, normalmente baseados no passo marcante da redondilha, que desviam a atenção do leitor daquilo que está sendo dito para o âmbito sonoro do texto:

---

4. A partir de agora, para não cansar o leitor, todas as referências ao volume *Poesia 1918-1930* de Fernando Pessoa serão feitas somente pelo número de página.

> Não tenho sentido,
> Alma ou direção
> Estou no meu olvido
> Dorme, coração.
>
> (p. 93)

Em diversas ocasiões, a dúvida e os questionamentos que o eu levanta sobre seu próprio estatuto de sujeito dão lugar a uma certeza terrível: a de que o ser equivale a nada. "Não sou nada" (p. 40), "Não tenho ser nem lei", (p. 202), "Nada sou nem serei" (p. 291), "Não sou nesta vida nem eu nem ninguém" (p. 313), são algumas das formulações com as quais o poeta enuncia essa nova certeza.

Na maior parte das vezes, entretanto, a sensação de um eu esvaziado não é dita explicitamente, mas é sugerida por imagens ou metáforas associadas aos temas da carência – "Esse futuro vácuo que já sou" (p. 41), "Não sei de mim, o que fui era pobre" (p. 78) –, da alteridade – "ser sempre outrem" (p. 79), "sou o deportado" (p. 314) – ou ainda da morte – "É morte quem eu fui ou estive" (p. 128), "Sou um universo morto que medita" (p. 256), "sou apenas um suicídio tardo" (p. 283). O coração do poeta, como figuração de seu ser mais íntimo, também é associado a imagens semelhantes.

> O vento do norte, tão fundo e tão frio,
> Não achas, soprando por tanta solidão,
> Deserto, penhasco, coval mais vazio
> Que o meu coração! (p. 90)

Nesse contexto, metáforas de perda ou abandono não são estranhas. "Perdi o coração" (p. 154), diz o poeta, e, mais à frente, reclama que seu coração "Como criança abandonada, chora" (p. 247).

Esse tipo de figuração é particularmente utilizado quanto se quer transmitir a sensação (tão frequente nessa poesia) de estilhaçamento do eu. Nesse caso, não só o coração, mas também a alma e até a vida do poeta servem de base para metáforas que visam representar um ser fragmentado. Assim, para falar de sua falta de coesão interna, o poeta compara o próprio coração a uma substância a ser dispersada:

Meu coração triste, meu coração ermo
Tornado a substância dispersa e negada
Do vento sem forma, da noite sem termo,
Do abismo e do nada! (p. 91)

    Outras imagens que sugerem a fragmentação podem ser encontradas em poemas das páginas 127, 364, 402 e 403. No primeiro caso, o poeta compara seu próprio coração a uma peça de vidro ou cerâmica que cai e se espatifa no assoalho. Nas demais ocasiões, associa seu ser a objetos esburacados como uma colcha de *crochet*, uma esponja cheia de furos ou uma cota de malha, respectivamente. Curiosamente, nos textos que levantamos, a sensação de uma falha subjetiva não é exclusivamente relacionada à falta de identidade consigo mesmo. Também o seu excesso, na medida em que implica em uma falta de coesão interna, gera a sensação de vazio figurada na multiplicidade estéril do eu: "Estou cansado de ser tudo menos eu./ Onde está/ A unidade que deus me deu?" (p. 392), "Muitos me saibam sentir/ Ninguém me saiba definir" (p. 399), "Mas eu, de ter tanta alma,/ Nem minha alma chego a ter" (p. 393).

    Para esse eu fraturado, elementos tradicionalmente associados à individualidade, como os desejos, ambições ou aspirações pessoais, são retratados de maneira ambígua, sujeitos a dúvidas e questionamentos: "Quem sabe saber o que sente? (p. 33), "Que quer o que em mim sabe se quer?" (p. 40), "Nunca soube querer, nunca soube sentir [...]" (p. 282). Em meio às confusas aspirações do eu, destacam-se duas possibilidades distintas: por vezes, o desejo equivale ao nada – "[...] aspira/ A nada meu enlevo quedo" (p. 59) –; em outras ocasiões, constata-se uma ânsia de reintegração subjetiva, figurada em uma possível reunião do eu consigo mesmo ou do eu com o mundo que o cerca. Um exemplo do primeiro caso pode ser encontrado na página 393 – "Gostava[5] realmente/ De sentir com uma alma só/ Não ser eu tanta gente/ De muitos meto-me dó". Na página 312, o desejo de um reencontro com o mundo aparece na busca de uma expressão perfeita e ideal, que dê conta de transmitir

---

5. Em Portugal, o pretérito imperfeito do verbo gostar (gostava) é comumente utilizado no lugar do futuro do pretérito (gostaria) para expressar desejo.

aos outros a verdade do eu: "Queria dizer a alguém [...] Não o que penso, nem bem/ O que sinto, mas o que sou" (p. 312).

O descompasso desse eu com os seus próprios desejos parece se encaixar em um desarranjo maior de seu mundo interior. Tomemos como exemplo os três versos a seguir, retirados, cada um deles, de diferentes partes do livro:

> Intervalo anterior entre o que *sinto* e o que sou (p. 404)
>
> Se cismo não sei o que penso;/ Se *sinto*, penso em outra cousa (p. 140)
>
> Falo, e as palavras que digo são um som/ *Sofro* e sou eu (p. 116)

No primeiro verso, o desarranjo é figurado como um intervalo entre o que se sente e o que se é. No segundo, há uma confusão entre as noções de cismar, pensar e sentir, sugerindo a existência de um hiato entre emoção e intelecto. No terceiro, a palavra, reduzida à materialidade do som, separa-se do eu e do seu sofrimento. Em todos os casos há uma divergência entre o sentimento do sujeito e as coisas que deveriam ser suas correlatas: o próprio ser, seu pensamento e suas palavras.

Em *Poesia 1918-1930*, essa percepção, de um descompasso do eu consigo mesmo, é figurada por meio de formulações várias. Assim, frequentemente, o sujeito é identificado a um outro eu, distante de si mesmo no tempo ou no espaço: "Eu já não sou quem era:/ O que sonhei, morri-o" (p. 190); "Feliz aquele que era/ Quem nunca fui em mim..." (p. 226); "Se quis, foi outro quem o quis/ Se tardei, tardo ainda" (p. 168). Por vezes, isso implica na sensação de que o ser é algo falso – uma roupa ou máscara com a qual o eu se veste e desveste (p. 252) – e na consequente busca de um outro eu, mais verdadeiro ou autêntico: "A alma que trago já não é minha [...]/ Anseio por me encontrar" (p. 356). Muitas vezes, a própria personalidade, em sua falta de identidade com o eu, assume o estatuto de um lugar específico, uma prisão ou um cárcere no qual o eu vive preso (p. 256), mas também um apartamento (p. 244) ou uma estalagem (p. 382), nos quais ele se abriga sem, contudo, sentir-se verdadeiramente integrado e seguro.

Nesse contexto, a percepção de si é fonte de mágoa e tristeza para o eu, na medida em que se equivale ao conhecimento de seu próprio vazio interior – "Fecho meu coração/ Na inútil consciência/ De ser inútil tudo (p. 203) – e em um limite da constatação de que somos todos "ficções da nossa mesma consciência" (p. 25). O resultado é que, na poesia ortônima, a consciência é geralmente retratada como algo negativo: "O mal é ter consciência" (p. 84), "Ciência? Consciência?/ Pó que a 'strada deixa" (p. 88).

Não é de se estranhar que um eu assim figurado – vazio, fragmentado, alienado de si, sem desejos e sem consciência, ou seja, limitado em seu campo de ação mais básico, o da própria subjetividade – manifeste frustração. No ortônimo, esse sentimento, entretanto, não se materializa na forma de revolta ou indignação, mas se expressa em manifestações de desânimo, semelhantes às que encontramos na poesia do Campos da terceira fase. O ortônimo sente, então, cansaço em relação à sua situação de sujeito ambíguo – "Cansa ser" (p. 162), "Não estou cansado da vida/ De mim é que estou cansado" (p. 254) – e anseia por um "um sossego à beira-ser/ Como à beira-mar o olhar deseja." (p. 329) ou quer ainda simplesmente "dormir sossegado, sem nada que desejar" (p. 345). Imagens de morte, esquecimento e abandono são outras formas pelas quais se materializa tal desconforto do eu (que bem poderia ser chamado como sua depressão): "Velo meu próprio corpo morto" (p. 301), "Incerto em meu ser bóio" (p. 287), "Quem me deu só a vida em que me esqueço?" (p. 336).

## 4.2 Pobre velha música

Do eu que fala na poesia ortonímica, temos até agora um panorama bastante triste. Sua representação é pautada, como pudemos ver até agora, principalmente por signos de desunião, fragmentação, vazio e falta de identidade consigo mesmo. Muitos poemas, entretanto, sugerem que a situação desse eu nem sempre foi essa. Em nosso levantamento, identificamos passagens que figuram a unidade do eu em um espaço ou tempo perdidos, ou ainda em uma realidade de sonho.

Assim, o poeta vê no passado uma integridade feliz que já não reconhece mais como sua: "Outrora fui... mas já não sei de mim" (p. 92),

"Era outrora tão contente/ Que já não sei se era eu" (p. 440). Esse tempo de bonança, por vezes, é identificado à meninice: "Na infância era quem nunca fui" (p. 365). Em nosso levantamento, identificamos mais de uma passagem que insinua a possibilidade de um eu verdadeiro ou íntegro, figurando-o em um lugar distante: "Serei quem sou, mas não aqui" (p. 64); "Longe de mim existo,/ À parte de quem sou" (p. 112). O poeta não explica que lugar seria esse, mas o preserva como uma indagação quando se questiona, por exemplo, a respeito das origens de seu verdadeiro eu: "De onde é que venho?" (p. 359), pergunta ele.

A realidade dos sonhos configura-se como um terceiro espaço possível para o encontro do eu consigo mesmo. Na poesia ortônima, o sonho, muitas vezes, equivale a um lar (p. 375), ou seja, um lugar no qual esse eu expatriado sente-se em casa. O sonho também é identificado à verdadeira ou mesmo à única vida possível (p. 378). Daí que a evasão no sonho seja algo desejado pelo poeta (p. 269) e o despertar seja visto como um suplício (p. 114).

E talvez seja a essa perfeição impossível do sonho que Jacinto do Prado Coelho se refira quando diz que na poesia de Pessoa há "estados quase inefáveis em que se vislumbra por instantes 'uma coisa linda', nostalgias de um bem perdido que não se sabe qual foi [...]" (Coelho, 1977: 47). Segundo o estudioso português, e remetemos o leitor à reprodução completa da frase de Coelho, citada na terceira página deste capítulo, esses estados são obtidos através da expressão musical. Essa ideia coaduna-se totalmente com o título que Pessoa planejava dar a essa parte de sua obra, *Cancioneiro*. Segundo Manuela Parreira da Silva, em um fragmento inédito, Pessoa define o termo como um conjunto de *canções,* segundo sua concepção, textos curtos, informais e emotivos, que possam ser cantados (Silva, 2008: 132). *Cancioneiro*s também foram os nomes adotados pelas primeiras coletâneas de poesia portuguesa, que davam conta da produção trovadoresca do país, representada principalmente pelas cantigas de amor, amigo, de escárnio e mal dizer. Algumas dessas obras são bem conhecidas de todos, afinal o Cancioneiro da Ajuda, da Ribeirinha, de Vaticana são obras até hoje dadas em nossas escolas, retomadas constantemente na tradição poética da língua, além de fazer parte da cultura de um modo geral. Os textos incluídos em tais conjuntos se caracterizam, entre outras coisas, por um ritmo cantante, baseado em refrãos e estrutura paralelística. Parecem ter sido, esses antigos cancioneiros, uma das grandes inspirações de Pessoa em sua obra ortônima. Nosso levantamento, por exemplo, embasa fortemente a ideia de que a canção – não só como forma, mas também como tema – é um caminho privilegiado, que leva à entrada do eu no mundo dos sonhos.

Assim, o tema da música perpassa grande parte da poesia ortônima. Normalmente, as canções ou os sons dos instrumentos são figurados aqui como uma forma de alívio para as dores do eu. Em "Qualquer música", por exemplo, um conhecido texto dedicado ao tema, o poeta anseia, por exemplo, por um som que possa, com seu poder de dispersão, fazer com que escape temporariamente de si e de seus problemas (p. 285). Já na página 198, o poeta pede a um eu não nomeado que toque uma canção que o faça esquecer-se da vida. Na página 31, essa mesma referência à canção corresponde à cantiga de ninar que o faz dormir e o leva para o mundo dos sonhos. No geral, a melodia é vista como algo capaz de criar um universo próprio, irreal é verdade, mas no qual o sujeito pode mergulhar temporariamente afastando-se daquilo que o aflige:

> A melodia que embala
> Que importa se, sedutora,
> As forças da alma cala?
>
> Quem sou, p'ra que o mundo perca
> Com o que penso a sonhar?
> Se a melodia me cerca
> Vivo só o me cercar... (p. 269)

> Mas é tão consoladora
> A vaga e triste canção...
> Que minha alma já não chora
> Nem eu tenho coração (p. 320)

Muitos dos poemas que fazem tal associação seguem, em linhas gerais, um roteiro específico que pode ser resumido em algumas poucas frases. Assim ele se segue. O eu lírico, em meio a seus afazeres ou andanças – ou seja, fechado em si próprio ou em seus próprios problemas, que já são conhecidos por nós –, é surpreendido por um som musical que vem de fora – da rua, da torre da igreja, de uma mulher, ou seja, de um lugar ou de uma pessoa afastados de si. Esse som é caracterizado como algo novo e surpreendente, algo capaz de retirar o eu do marasmo em que vive, aportando-lhe novas e desconhecidas emoções. Ao mesmo tempo, entretanto, essa melodia que vem de longe é identificada pelo poeta como coisa familiar, podendo ser uma música ouvida na infância, o ritmo tradicional das cantigas ou pregões populares, ou ainda simplesmente algo que convoca lembranças não nomeadas. O poema abaixo fornece um bom exemplo dessa estrutura (algumas vezes entrevista na obra poética ortônima) que queremos retratar:

> Do meio dia da rua
> (Que é, aliás, o infinito)
> Um pregão flutua,
> Música num grito...
>
> Como se no braço
> Me tocasse alguém
> Viro-me num espaço
> Que o espaço não tem.
>
> Quando era criança
> O mesmo pregão...
> Não lembres... Descansa,
> Dorme, coração!....
> (p. 419)

Esse texto é interessante para nós porque, nele, os diferentes momentos do enredo que expusemos vêm separados em estrofes. Na primeira, o sujeito ouve um pregão vindo da rua – lugar externo que se assume enquanto tal pelo próprio texto, que explica que esse espaço exterior ao eu é infinito e poderia ser identificado a qualquer outra área física – o mundo, por exemplo. Na segunda estrofe o eu, por meio de uma imagem interessante – a de ser chamado por alguém que lhe toca no braço – é conclamado a penetrar em um espaço outro. Na terceira, há uma associação entre o pregão ouvido pelo adulto com a infância, dando a entender que o espaço outro para o qual o eu foi transportado tem relação com esse passado distante. Entretanto, face à possibilidade de se lembrar de coisas antigas, o eu se apavora e conclui com um pedido: "não lembres, Dorme coração". Não é difícil imaginar que as lembranças pretéritas sejam dolorosas ao eu. Em vista do que já sabemos até agora, devemos concluir que isso acontece não porque tais memórias sejam de tempos ruins, muito pelo contrário. Mas porque confrontado com a felicidade irrecuperável do passado, o tempo presente parece ainda mais sombrio, muitas vezes mais vazio.

Estruturas mais ou menos parecidas com essa já devem ser bem conhecidas aos leitores familiarizados com a obra do Pessoa ortônimo. Vários poemas famosos incorporam os elementos explicitados acima. Um deles, aquele que começa pela frase "Ó sino da minha aldeia" (p. 237), chegou inclusive a ser musicado e lançado em disco por Maria Bethânia no Brasil[6]. Outro texto dessa leva é aquele que começa pelos versos "Pobre velha música!"[7]. No primeiro caso, todos os elementos trabalhados acima estão presentes – a música que vem de um lugar distante, a busca do eu por evasão e as lembranças do passado. Mas não há muita clareza sobre qual valor o eu atribui a esses elementos. O som do sino é descrito primeiramente como algo muito próximo ("cada sua badalada soa/ dentro da minha alma") e depois como algo distante e fantasmagórico ("És para mim como um sonho/ soas-me na alma distante"). A evocação do passado, por sua vez, não parece trazer esse tempo para perto do eu, mas sim afastá-lo dele (Sinto mais longe o passado/ Sinto a saudade mais perto). No segundo caso, o eu lírico, ao ouvir o realejo, tem a sensação de recordar-se de algo, um outrora que talvez seja o da infância ou talvez não, mas pelo qual o eu anseia

---

6. Na edição da Companhia das Letras, os organizadores esclareceram que o nome desse poema é na realidade "O aldeão". Como esse título diz pouco aos leitores de Pessoa, preferimos nos referir ao texto pelo seu primeiro verso, que já deve ser bem conhecido de todos.

7. A edição da Companhia das Letras fez um importante esclarecimento também a respeito desse poema, que deveria se chamar "Realejo". Novamente, preferimos identificá-lo pelo seu primeiro verso, também bastante conhecido.

com raiva. O tempo triste do presente se mistura à felicidade passada em uma união ambígua: "E eu era feliz? Não sei:/ Fui-o outrora agora" (p. 239). Pode ser então que a canção transporte o eu para um mundo desconhecido, ou pode ser também que o contexto familiar se torne estranho por meio dela. Independentemente do caso, o que vai caracterizar a figuração da música na poesia ortonímica, em geral, é essa mistura de afastamento e identificação[8] entre o eu e o som (ou aquilo que o som traz consigo).

Por vezes essa dupla aparecerá por meio de um cenário mais específico ainda. Vários textos de *Poesia 1918-1930* retratam uma situação em que o poeta, ao ouvir uma música, deseja se dissolver nela, mas

---

8. Essa mistura de elementos estranhos com coisas familiares lembra obviamente a noção de *unheimlich* de Sigmund Freud. É importante ressaltar, entretanto, que embora esse conceito tenha sido elaborado em resposta a certos textos de literatura (não sendo, portanto, ilegítimo aproximá-lo à poesia de Fernando Pessoa), a ideia de *estranho* na psicanálise implica necessariamente o desconforto. Expliquemo-nos. No ensaio em que formula esse princípio, o criador da psicanálise parte de um texto literário para entender por que certas obras estéticas, ao invés de nos darem a sensação de prazer e tranquilidade, inquietam-nos. Analisando "O homem de areia", conto fantástico de E. A. Hoffman, ele chega à conclusão de que a sensação de estranhamento, que aí identifica, é resultado da exposição narrativa de elementos recalcados pela psique de todos nós. Um fragmento da história que suscitou tal ideia nos ajudará a entender melhor isso. A narrativa começa com as recordações de infância do estudante Natanael. Um de seus medos naquela época era ser atacado pelo malévolo homem de areia, personagem que, segundo sua babá, atacava as crianças queimando seus olhos. Surpreendentemente, a certo ponto de sua vida de menino, ele realmente entra em contato com esse ser monstruoso que tenta feri-lo, mas é impedido a tempo. O decorrer da narrativa não esclarece se esses fatos relatados pelo protagonista devem ser tomados como verídicos pelos leitores ou simplesmente como o produto da imaginação de uma criança sensível e impressionável. Segundo Freud, a cena descrita suscita um verdadeiro sentimento de estranheza. Entretanto, continua ele, isso só acontece porque ela atualiza um sentimento básico do homem que foi há muito recalcado: a angústia de castração. O medo de perder os olhos seria aqui equivalente ao medo de perder o pênis e se separar definitivamente da mãe. Para Freud, o *unheimlich* (estranho) coloca em questão algo muito velho e familiar, que, depois de modificado, é apresentado novamente de forma aparentemente irreconhecível. Entretanto, não é isso o que acontece na poesia de Pessoa. Aqui, de fato, a música, a princípio distante do eu, é reconhecida como familiar, mas as lembranças que evoca dificilmente poderiam ser descritas como estranhas ou desagradáveis, muito pelo contrário.

não o consegue. Nesses casos, especificamente, o som não vem só de longe ou da rua, mas é identificado a outros sujeitos, pessoas do povo, muito diferentes do poeta. O protótipo desse tipo de texto é "A ceifeira".

> Ela canta, pobre ceifeira,
> julgando-se feliz talvez;
> Canta, e ceifa, e a sua voz, cheia
> De alegre e anónima viuvez,
>
> Ondula como um canto de ave
> No ar limpo como um limiar,
> E há curvas no enredo suave
> Do som que ela tem a cantar
>
> Ouvi-la alegra e entristece
> Na sua voz há o campo e a lida,
> E canta como se tivesse
> Mais razões p´ra cantar que a vida.
>
> Ah, canta, canta sem razão!
> O que em mim sente está pensando.
> Derrama no meu coração
> A tua incerta voz ondeando!
>
> Ah, poder ser tu, sendo eu!
> Ter a tua alegre inconsciência,
> E a consciência disso! Ó céu!
> Ó campo! Ó canção! A ciência
>
> Pesa tanto e a vida é tão breve!
> Entrai por mim dentro! Tornai
> Minha alma a vossa sombra leve!
> Depois, levando-me, passai!
> (p. 242 e 243)

George Monteiro, estudioso americano que trabalha com as influências que Pessoa sofreu e exerceu no âmbito de língua inglesa, propõe como uma fonte para esse poema a obra *The solitary reaper*, de Wordsworth. De fato, esse poema descreve justamente uma ceifeira que canta enquanto trabalha sozinha no campo. O texto é inspirado por uma viagem à Escócia, lugar onde não é incomum encontrarem-se mulheres a sós ou aos pares ceifando o trigo. No poema, o viajante observa e ouve de longe a camponesa que canta e, não conseguindo identificar as palavras que emite, pergunta-se sobre o que seria sua canção: falaria ela sobre lugares distantes ou amores perdidos? Pessoa traz contribuições importantes a esse mote inicial. Para ele, é menos importante o conteúdo do canto da camponesa, do que o seu caráter inocente, ou mesmo inconsciente.

De acordo com a edição *Poesia 1918-1930*, esse poema é de dezembro de 1924. Sabemos, entretanto, que quase dez anos antes, Pessoa já havia escrito uma versão desse mesmo texto. Dele, fala a Armando Côrtes-Rodrigues, em carta pessoal, enfatizando ao amigo o fato de nele ter conseguido alcançar uma nota paúlica, em linguagem simples[9]. A passagem com a qual identifica esse procedimento se encontra justamente na quinta estrofe do texto, trecho que associa o movimento da ceifeira a uma *alegre inconsciência*, invejada pelo eu. Fechada em si mesma – em seu trabalho e em sua música – essa mulher do campo representa uma realidade própria, um universo puro e inocente, no qual ainda não penetraram os dilemas modernos dos quais sofre o poeta.

Em *Poesia 1918-1930*, não só a ceifeira, mas também pastores (p. 241) e camponeses (p. 322)[10] são retratados de maneira semelhante. Essas pessoas simples, que deveriam sofrer por conta de sua pobreza ou se ressentir das dificuldades físicas impostas pelo tipo de trabalho que realizam, cantam contentes, sem ter consciência de seu próprio desamparo, e parecem felizes, mesmo não tendo motivos explícitos para isso. O poeta, por sua vez, ao ouvi-las, sente inveja dessa situação, gostaria também ele de se deixar levar pelo som que os embala. Mas a união com as mulheres, os trabalhadores do campo ou vendedores da

---

9. Uma versão completa dessa carta pode ser encontrada em *Correspondência 1905-1922* (Pessoa, 1999: 146).
10. O poema "Depois da feira", fala sobre pessoas que saem cantando pela estrada ao final do dia. Com base no título do texto, acreditamos que seja legítimo identificar tais pessoas a agricultores vindos do campo, que vendem seus produtos na cidade.

rua[11] é impossível para esse eu excessivamente pensante. Os poemas que tratam desse assunto figuram essa impossibilidade de união em situações como a descrita na página 99: pessoas passam cantando e se vão, deixando o sujeito sozinho.

Nesse tipo de situação, o *lugar de fora*, com o qual é identificado à música, não é só um espaço físico, mas uma realidade outra que se separa do eu por conta de determinantes econômicos, sociais, geográficos, ou por conta de fatores concernentes ao gênero sexual (no caso das mulheres). Como tentamos explicar, essa realidade outra, personalizando a inocência ou a ingenuidade perdida, aporta o eu a um estado que não é o dele, mas que pode ser identificado com os seus desejos mais íntimos. Depois de uma onda confusa de emoções, entretanto, a melodia se vai assim como veio, deixando o eu mais vazio do que nunca. Daí talvez a música ser, por vezes, retratada como uma coisa negativa: "Pobre, velha música" (p. 239); "A música é pobre. Mas/ não será mais pobre a vida?" (p. 312).

Em nosso levantamento, pudemos identificar algumas passagens que talvez deem a entender a razão pela qual a música tem tanto poder sobre o sujeito ortonímico. Anteriormente, tentamos mostrar que o eu representado nessa poesia manifesta uma clara inapetência para as coisas da vida, exemplificada em uma relação ambígua e confusa que estabelece com os próprios desejos e sentimentos. Em *Poesia 1918-1930*, a música serve de continente para os anseios mais íntimos do eu: "Tudo quanto a alma deseja/ Passa na música breve [...]" (p. 293) E se em outros textos havia um descompasso do eu com os seus próprios sentimentos, aqui eles são colocados de novo em questão por meio dos sons melódicos:

> Ouço tocar o piano e sei...
> Ah, que se eu fosse...
> O que? Nem sequer o sei sentir!
> Mas seria doce...
>
> Afectos? Logro ou vida? Apraz

---

11. O pregão, descrito em um dos poemas acima, era, com certeza, pronunciado por um vendedor de rua.

> Ser real, ser afim?
> Pobre alma, minha, que queres a paz
> E só me tens a mim!
> (p. 85)

A música é também capaz de produzir uma sensação inversa àquela que foi descrita anteriormente, aguçando no eu a consciência de si e de sua dor.

> O harmônio enha moribundo e raso [...]
> Como tudo isto entra no ser da alma
> E é sem querer atroz (p. 377)

É nossa hipótese de que a música e o sonho, principais itens trabalhados nessa parte de nosso capítulo, possam ser entendidos como uma imagem para a arte poética, uma metonímia para o processo de criação literária. A primeira faria referência ao aspecto formal do poema feito, entre outras coisas, de sons, musicalidade e ritmo. Já o segundo faria referência ao aspecto ficcional e fantasístico contido nesses mesmos textos poéticos. Se fizermos uma divisão artificial dessa arte em dois componentes básicos, ainda que discutíveis, forma e conteúdo, veremos que ambos estão representados na dualidade música e sonho proposta pela produção poética ortonímica. Em vários trechos, inclusive, essas três categorias – sonho, poesia e música – são tomadas como equivalentes: "Quero sonhar e não posso/ Quero cantar e não sei" (p. 316);

> Meus versos são meu sonho dado
> Quero viver, não sei viver,
> Por isso anónimo e encantado,
> Canto por me pertencer (p. 376)

Julgamos que o panorama que viemos delineando até agora, concernente às relações entre música, sonho e poesia, muito pode nos dizer a respeito da representação do ortônimo dentro da obra poética geral de Fernando Pessoa – principalmente naquilo que diz respeito às suas relações com os heterônimos. Em resumo, descrevemos inicialmente um eu esvaziado e sozinho que concebe o mundo da música, da poesia e do sonho como uma saída possível para fora do abismo de si mesmo.

Esse mundo, entretanto, nunca é verdadeiramente alcançado por ele. Por vezes, de noite, ao dormir, esse eu é temporariamente transportado para um universo no qual as próprias contradições desaparecem. Mas quando o dia nasce, a dura realidade da vida se impõe novamente a ele. Por vezes, também, ao ouvir uma canção longínqua, o devaneio o leva para lugares distantes, para a infância ou para o passado. Longe de si, imagina-se inteiro e completo como imagina que tivesse sido em tempos pretéritos. O canto, entretanto, logo se vai e, por mais que eu gostasse de segui-lo, o poeta sabe que sua mágica reside no fato de que ele tem origem em pessoas – camponeses, vendedores, feirantes, e, principalmente, mulheres – cuja realidade é completamente incompatível com a sua. A impossibilidade de se harmonizar com a inocência da música é frequentemente figurada na imagem dos cantores que partem e deixam o eu-lírico para trás.

Tentamos mostrar aqui que há uma equivalência entre música, sonho e poesia no que diz respeito à composição de um mundo imaginário. E a nossa hipótese é a de que, para o ortônimo, o fazer poético também é um lugar de abandono. No segundo capítulo, tentamos mostrar como o ortônimo se figura em meio a Caeiro, Campos e Reis. Procuramos deixar claro, por meio da análise das impossíveis propostas poéticas desses últimos, que os heterônimos são literariamente figurados como seres de sonho. Resta agora mostrar como se dá a relação entre esses sujeitos idealizados e o ser híbrido do ortônimo. Nossa opinião é que isso se passa de uma maneira muito semelhante àquela pela qual o sonho vem sendo figurado em nosso *corpus* até então: o ortônimo entra no mundo da ficção heteronímica, habita nela, mas sabe que ela é irreal e, ao final, termina tão triste e sozinho como estava no começo. Ou ainda, se quisermos pensar de uma maneira mais ampla, o autor mergulha no campo da poesia, cria nele um mundo imaginário dentro do qual figura a si mesmo, mas sua integração nessa realidade nunca é total. Acabado o sonho, ou seja, quando deixa de escrever sob o nome dos heterônimos e volta a escrever sob o próprio, volta à dura realidade, manifestando o desencanto e a solidão decorrentes desse fracasso. Como tentou mostrar nossa análise anterior, muitos dos poemas ortonímicos, em seu duplo movimento de, por um lado, encantar-se com elementos que são matéria de poesia (música e sonho) e, por outro, de se decepcionar com a solidão real do eu lírico, dão testemunho da situação descrita anteriormente

## 4.3 Sozinho no parque

Na produção ortônima tardia existe um poema específico que exemplifica a questão da heteronímia tal como a entendemos. Estamos falando de um texto de 1930, que se encontra na página 372 do segundo volume *Poesia 1918-1930*, que tem sido até agora nossa principal fonte e referência para a poesia ortônima. O poema é aparentemente bastante simples e talvez até ingênuo, mas tentaremos mostrar que, a partir da evocação de uma série de temas já mencionados, consegue sintetizar, como nenhum outro, o nosso problema. Assim segue o texto:

> Depois que todos foram
> E foi também o dia
> Ficaram entre as sombras
> Das áleas apertadas
> Eu e a minha agonia.
>
> A festa fora alheia
> E depois que acabou
> Ficaram entre as sombras
> Das áleas apertadas
> Quem fui e agora sou.
>
> Tudo fora por todos.
> Brincaram, mas enfim
> Ficaram entre as sombras
> Das áleas apertadas
> Só eu, e eu sem mim.
>
> Talvez que ao parque antigo
> A festa volte a ser.
> Ficaram entre as sombras

Das áleas apertadas
Eu e quem sei não ser.
(p. 372)[12]

À noite, em meio às árvores, um sujeito lamenta sua solidão. Solidão essa que se torna mais pungente quando comparada à alegria da festa que teve lugar nesse mesmo local um pouco mais cedo, conforme parece indicar o texto. Pelo que se depreende do lamento do poeta, todos se divertiram e tornarão a se divertir da próxima vez. O sujeito lírico, entretanto, não participou das comemorações ou brincadeiras alheias. É tarde, a festa acabou, a única pessoa em meio aos restos do que foi o dia sofre de um sentimento que vai além da solidão, pois que implica uma separação não só dos outros, mas de si mesmo.

Essa pequena narrativa (por assim dizer) não é, entretanto, contada de maneira sequencial, mas a partir de variações poéticas de um mesmo tema. O texto é composto por vinte versos organizados em quatro estrofes regulares, sendo que cada uma delas tem uma parte variável e uma que se repete. Os dois versos "Ficaram entre as sombras/ Das áleas apertadas" não chegam a ser um estribilho, uma vez que se encontram bem no meio da estrofe, mas atuam como tal, garantindo ao poema uma musicalidade forte e grande uniformidade entre os diferentes blocos do texto. Os versos que margeiam esse dístico também seguem uma estrutura regular. Em cada uma das estrofes, os dois primeiros apresentam sempre uma informação nova, e, colocando-as em contiguidade, poderíamos resumi-las da seguinte maneira: todos se foram, houve uma festa, todos se divertiram, e talvez voltem a se divertir. Nos últimos versos de cada estrofe, entretanto, o foco do poema deixa de ser o conjunto dos participantes da festa e se volta para o eu,

---

12. O texto citado aqui apresenta variantes para o primeiro, segundo e terceiro versos. Sendo que a última dessas variantes foi tomada como padrão pela editora Nova Aguilar em sua edição da *Obra Poética* de Fernando Pessoa. O resultado é que, nessa edição, a primeira estrofe se lê da seguinte maneira: "Depois que todos foram/ E foi também o dia, /Ficaram entre as sombras/ Das áleas do ermo parque/ Eu e a minha agonia" (Pessoa, 2005: 524). É importante citar essa divergência aqui, pois o motivo do parque, que deu inclusive título a essa parte do capítulo, será importante no desenvolvimento do nosso raciocínio.

na seguinte sequência: o sujeito está em agonia, sente-se desvinculado de seu eu passado, desligado da própria subjetividade e, finalmente, do conhecimento de si mesmo. Em resumo, pode-se dizer que aqui cada um dos cinco versos ocupa sempre uma mesma função. Os dois primeiros focam o conjunto, o último se detém sobre o particular, o dístico intermediário serve de ponte entre esses dois polos opostos.

Parece-nos que esse movimento lembra muito a estrutura paralelística, típica da lírica trovadoresca portuguesa. Segundo definição de Massaud Moisés, retirada do *Dicionário de termos literários*, o paralelismo é um "processo estrutural usado na lírica trovadoresca, mediante o qual a ideia-núcleo da primeira estrofe se reproduz ao longo do poema, apenas variando algumas palavras ou substituindo-as por sinônimos [...]" (Moisés, s.d.: 385) Um exemplo pode ser encontrado no poema 171 do *Cancioneiro da Vaticana*, de autoria atribuída ao rei e poeta Dom Diniz. As primeiras estrofes do texto assim se seguem:

> — Ai flores, ai flores do verde *pino*
> Se sabedes novas do meu *amigo*?
> Ai, Deus, e u é?
>
> — Ai flores, ai flores do verde *ramo*,
> Se sabedes novas do meu *amado*
> Ai, Deus, e u é?

(D. Dinis, *Cancioneiro da Vaticana*, 171 apud Moisés, s.d.: 385, grifos nossos)

O leitor deve ter notado que o vocábulo *pino*, presente na primeira estrofe, é substituído por *ramo*, na segunda. O mesmo processo se dá com os termos *amigo* e *amado*. Não é exatamente isso que acontece no poema de Pessoa. Como tentamos mostrar mais cedo, ali, não são vocábulos específicos que são trocados por outros similares, mas estruturas maiores (algumas delas chegando a coincidir com o verso) que são substituídas por outras de mesma função e campo semântico.

O resultado é que as cinco estrofes propõem sutis, mas importantes variações em relação umas às outras. Na primeira, há a figuração de um eu, abandonado por outros não nomeados e pelo dia que se foi, e que se deixa ficar sozinho por entre as árvores. Esvaziado pela falta de companhia, esse sujeito se identifica com o próprio sentimento de agonia. A seguir, explica-se (o poema o faz) que as pessoas que partiram faziam parte de uma festa da qual o eu não participou. Desvinculado de si mesmo, o eu se descreve agora como um duplo que inclui identidades diferentes para o presente e o passado. Na terceira estrofe, essa sensação de alienação é amplificada: excluído do gozo compartilhado por todos os participantes da festa, o eu sente-se privado de si mesmo. Ao final, a ideia de uma continuidade é esboçada. Sugere-se que a festa seja um evento regular e, em face disso, o sentimento de alienação do eu tem continuidade na frase final. A cada estrofe os mesmos temas aparecem de forma ligeiramente modificada em um movimento cíclico de complexificação: à medida em que o acontecimento festivo ganha forma, o abandono do eu se torna mais e mais agudo. A sensação geral é a de que o poema propõe uma espiral de solidão, na qual a cada volta o raciocínio avança um passo no sentido de elucidar o desamparo do poeta frente ao mundo.

A fórmula vem a ser complexificada pelos ecos que evoca. Através das duas primeiras partes do presente capítulo, o leitor provavelmente pode perceber que há uma grande repetição de temas e fórmulas no Pessoa ortônimo. Música, sonho, poesia, esvaziamento do eu são motes que se alternam em idas e vindas que terminam por criar, para aqueles familiarizados com a obra, um sistema de ecos, ou ainda, de correspondências semânticas que carregam de significados subliminares às mais básicas noções. Algumas delas são, por exemplo, "áleas" ou "festa", termos essenciais para a compreensão de nosso texto, às quais gostaríamos de nos deter com mais calma.

No texto analisado, o poeta diz se encontrar sob "áleas apertadas". Ora, no *Dicionário Eletrônico Houaiss*, descobrimos que álea ou aléia são disposições nas quais um conjunto de árvores é enfileirado. Arranjos como esses são muito comuns em avenidas ou ruas das grandes cidades, mas também se encontram em caminhos de parques ou jardins. Acreditamos que seja justamente em algum tipo de parque que o eu do poema se encontre. Um lugar como esse não só é bastante propício à realização de uma festa, mas também, como dissemos em nota de rodapé, foi explicitamente nomeado em uma das variantes do poema. Acreditamos que esta tenha sido descartada para preservar a uniformidade do estribilho, e não porque trouxesse ao texto ideias que o autor desprezasse. Em um poema, que será citado algumas páginas a seguir, as áleas são de fato um sinônimo de bosque ou de lugar afastado.

Se pudermos preservar a ideia de que o eu se encontra então em um parque, seremos capaz de estabelecer uma conexão importante. Na poesia ortônima, frequentemente bosques, parques, caminhos ou lugares de natureza deserta são usados como uma metáfora para o próprio vazio do sujeito: "Em bosques de mim mesmo me embebi" (p. 369), "Os caminhos estão todos em mim" (p. 185), "Vou em mim como entre bosques" (p. 375) "Todo o caminho leva a qualquer parte, por nós erramos" (p. 153); " é certo/ haver parque deserto /estando a alma perto?" (p. 120). Nesse contexto, as imagens de natureza, despidas de sua organicidade, aparecem somente naquilo que tem de insidioso e confuso: os caminhos são trilhas e as copas das árvores, são as colunas de um enorme labirinto onde se perde o eu. Vales, montanhas, o verdor das árvores são objeto de associações semelhantes[13].

A festa, por sua vez, como lugar privilegiado de dança e música evoca todas as associações que fizemos sobre o segundo desses temas anteriormente. A festa, portanto, pode ser entendida como um lugar de sonho, no qual seres com os quais o poeta não consegue se misturar cantam e são levados pelo som da música. A estrutura do texto, com quatro estrofes, um estribilho que se repete e uma sugestão semântica de continuidade no final talvez possa ser associada à canção de roda, forma popular e inocente, que com certeza teria tido, como o pregão e a música popular, apelo para o ortônimo.

Levando em consideração a estrutura do texto que, como tentamos mostrar, traz ecos do paralelismo e a alusão implícita ao tema da música e da dança, somos tentados a contrastar o texto de Pessoa a um poema muito distante dele no tempo, mas bastante próximo no que diz respeito à sua forma e raciocínio. Estamos falando de uma

---

13. No volume Poesia *1918-1930*, achamos ao todo 12 ocasiões em que imagens de natureza, figuradas como um lugar no qual o eu se perde, são usadas como uma metáfora para o vazio interior do poeta.

famosa bailada de Aires Nunes, de Santiago, que pode ser encontrada no *Cancioneiro da Vaticana*, coletânea de poesia trovadoresca galego-
-portuguesa. Assim se segue o poema:

> Bailemos nós já todas três, ai amigas,
> so aquestas avelaneiras frolidas,
> e quem for velida como nós, velidas,
> se amigo amar,
> so aquestas avelaneiras frolidas
> verrá bailar.
>
> Bailemos nós já todas três, ai irmanas,
> so aqueste ramo destas avelanas;
> e quen for louçana, como nós, louçanas,
> se amigo amar,
> so aqueste ramo destas avelanas
> verrá bailar.
>
> Por Deus, ai amigas, mentr'al non fazemos,
> so aqueste ramo frolido bailemos;
> e quen ben parecer, como nós parecemos,
> se amigo amar,
> so aqueste ramo sol que nós bailemos,
> verrá bailar.
> (*Cancioneiro da Vaticana*, 462)[14]

---

14. O poema é claramente inspirado em um outro texto da época (século XIII), também uma cantiga de amigo de autoria de João Zorro. Assim segue o original:
Bailemos agora, por Deus, ai velidas,
so aquestas avelaneiras frolidas,
e quem for velida como nós, velidas,
se amigo amar,
so aquestas avelaneiras frolidas
verrá bailar.

Bailemos agora, por Deus, ai loadas,
so aquestas avelaneiras granadas,
e quen for loada como nós, loadas,
se amigo amar,
so aquestas avelaneiras granadas
verrá bailar.

Nesse texto do século XIII, temos a descrição do que de fato ocorre em certos tipos de festa, mais especificamente em festas de colheita que celebravam o fim ou o início das estações[15]. É uma cantiga de amigo, mais precisamente, uma bailada, forma medieval tradicionalmente acompanhada por movimentos coreográficos. A estrutura desse tipo de poema pressupõe um conjunto mínimo de mulheres, sendo que cada uma exerce uma função diferente, como veremos adiante. Normalmente, textos como esse giram em torno de temas festivos.

Para aqueles que não estão familiarizados com a ortografia antiga, gostaríamos de fazer uma pequena paráfrase do texto. Nele, três mulheres que se descrevem como bonitas (velidas) e jovens (louçanas) e bem apessoadas, além de apaixonadas, convidam outras que estejam apaixonadas como elas (se amigo amar) para bailar debaixo das árvores de avelã (avelaneiras). Seguindo o esquema do paralelismo, em cada uma das estrofes as jovens referem-se a si mesmas por um adjetivo (velidas, louçanas etc.) e usam um epíteto diferente para se referirem umas as outras (amigas, irmanas, e amigas novamente). A árvore de avelã também aparece sob três aspectos diferentes: a primeira estrofe faz referência à suas flores (avelaneiras frolidas), a segunda, aos frutos (avelanas) e a terceira aos ramos (ramo).

Sendo três as estrofes do poema e três o números de mulheres referidas no texto, seria justificado pensar que o poema foi feito para ser recitado em três vozes que se revezam, sendo cada uma delas responsável por uma parte do texto. Segundo Massaud Moisés, revezamentos como esse não são estranhos às cantigas de amigo portuguesas, e muitas bailadas, em especial, pressupõem a existência de duas solistas que se

---

15. Todos sabem que o Trovadorismo português foi um movimento influenciado pela literatura provençal francesa. Nela teve origem uma parte importante da produção da época que pode ser identificada com as cantigas de amor. As cantigas de amigo, entretanto, são algo tipicamente português. Muitas delas têm origem em ritos ancestrais relacionados à celebração da primavera ou às vindimas. Por meio de um curioso depoimento pessoal, ficamos sabendo que, em Portugal, até hoje as vindimas são consideradas pela população rural como época privilegiada para reforçar relações interpessoais. É um período em que aqueles que ainda têm raízes no campo voltam a sua terra para visitar parentes, reencontrar amigos e buscar algum tipo de encontro amoroso.

alternam com um coro na execução do poema (Moisés, s.d.: 385). As primeiras serão responsáveis pelo texto, e o segundo pelo estribilho. Não é exatamente isso o que acontece aqui, uma vez que no poema há versos que se repetem, mas não um refrão que se destaca do texto. Não é difícil, entretanto, conceber uma situação em que três solistas simplesmente se revezassem umas com as outras.

Com alguma imaginação, poderíamos inclusive conceber um contexto em que um revezamento como esse se casasse com a dança. Todos conhecemos as brincadeiras de roda, situações nas quais indivíduos dispostos em círculo dão-se as mãos e giram ao compasso da melodia. Revezando-se para cantar e dançar conforme as trovas, os participantes do jogo frequentemente chamam membros da audiência para se juntarem a eles[16]. Parece ser justamente esse o nosso caso: coincidentemente, três é a quantia mínima de pessoas necessárias para se formar uma roda e esse número parece assombrar o poema de uma maneira particularmente insistente. Aqui, temos três estrofes, três elementos da natureza (flor, fruto, ramo), três mulheres, caracterizadas por três expressões adjetivas (velidas, louçanas, bem parecer).

De fato, a repetição do número três no poema aparece com tal frequência que somos levados a pensar que ele talvez tenha alguma significação especial. Para desvendar que significação possa ser essa, convocamos um artigo de Sigmund Freud de 1913, "O tema dos três

---

16. No Brasil, algumas cantigas de roda infantis também pressupõem mais de uma voz. É interessante notar que, nesses casos, o tema da pessoa que é convidada para a roda também está presente. Conseguimos pensar em pelo menos dois exemplos. Em uma cantiga bem conhecida de todos cujos versos iniciais são "Ciranda Cirandinha/ Vamos todos cirandar", o coro predomina durante toda a brincadeira. Ao final, entretanto, convida um de seus membros a entrar na roda e a recitar um verso. Depois que a pessoa convidada assim o faz, a cantiga recomeça do início, finda essa segunda parte da música, um novo membro do grupo será sujeito ao mesmo convite e assim prosseguirá a brincadeira até que todos tenham tido a oportunidade de recitar algo individualmente. Lembramos também de uma outra cantiga de roda que começa pelos versos "Fui no Tororó/ beber água não achei", na qual a certa altura o coro convida alguém da audiência para entrar na roda, sob pena de ficar sozinho. Ao que a pessoa interpelada responde: "Sozinha eu não fico/ Nem hei de ficar!/ Por que eu tenho [e aqui se indica o nome de outra pessoa do grupo]/ Para ser o meu par!"

escrínios". Nesse texto, o criador da psicanálise se baseia em mitos literários para falar do número três associado ao feminino. Partindo do episódio que dá título ao texto – ou seja, aquele em que Pórtia, heroína de o *Mercador de Veneza*, impõe aos seus pretendentes a tarefa de escolher dentre um grupo de três escrínios[17] aquele que dará direito a sua mão – e passando pelo drama de Rei Lear e suas três filhas, pelo mito de Psique, a mais jovem de três irmãs, como registrado por Apuleio, e até pela história de Cinderela e suas duas irmãs más, o artigo procura contemplar situações em que uma mulher deve ser escolhida por um homem. De fato, na comédia de Shakespeare, Bassanio deve escolher o escrínio que lhe dará acesso a Pórtia. Rei Lear, por sua vez, deve selecionar em meio às suas três filhas qual é a mais digna de herdar seu reino. Sua tragédia foi justamente ter falhado nessa tarefa, preterindo Cordélia, a única das três que verdadeiramente o amava, em detrimento de suas irmãs. Tanto Psique quanto Cinderela são selecionadas pelos heróis de suas respectivas histórias – a primeira pelo deus Eros e a segunda pelo príncipe – como as mais bonitas entre suas irmãs e como as mais dignas de serem amadas.

Para Freud, as três mulheres da literatura, que devem ser sempre escolhidas por um homem, representam três figuras femininas centrais na vida de um ser do sexo masculino: a mãe responsável pelo seu nascimento, a companheira, a mulher com quem passará a vida e a morte, a mãe-Terra que receberá seu corpo quando ele se for. Essas três funções podem ser, por sua vez, relacionadas a um mito primordial, o das três Horas – três deusas gregas associadas primitivamente aos elementos da natureza responsáveis pelo florescimento das plantas, amadurecimento dos frutos e fertilidade do solo. Mais tarde, explica Freud, essas deidades tornam-se as representantes das estações, que para os povos primitivos se limitavam a três: primavera, verão e inverno. Em um

---

17. O *Dicionário eletrônico Houaiss* explica que escrínio é um pequeno cofre no qual normalmente se guardam joias ou outros objetos de valor. Freud vê nesse utensílio, da mesma maneira que em outros objetos ocos, como caixas, cofres, bolsas ou mesmo chapéus, uma representação do feminino. Para ele, tais objetos, por conterem um espaço vazio em seu interior, mimetizam, em algum nível, um elemento chave da anatomia feminina, o útero.

sentido lato, as Horas também podem ser entendidas como deusas do destino humano responsáveis pelo nascimento, vida e morte, em uma atribuição semelhante a que mais tarde será dada às Moiras.

Levando em consideração que o contexto do poema é o das festas anuais portuguesas, nas quais se celebram a sucessão das estações e a fertilidade do solo, talvez seja o caso de pensar que essas mulheres, irmãs ou amigas praticamente indistintas, representam, como as Horas, o ciclo da vida. Os elementos silvestres aludidos no poema fazem referência ao ciclo biológico das plantas – uma flor se torna um fruto, que amadurece e cai, deixando seu ramo original vazio, ou ainda, ao fruto se sucede uma nova planta, um novo ramo, que crescerá se tornando uma árvore adulta. A juventude e a beleza dessas mulheres, também como os sentimentos amorosos manifestados por elas, fazem das três um símbolo da potência humana para o amor e para a vida. Na natureza, entretanto, a criação do novo frequentemente tem como fonte a destruição do velho e o auge da juventude já prefigura o declínio e a morte. Em sua dança, alternam-se então nascimento, vida e morte em um giro perpétuo, mágico e contínuo.

Um aspecto importante ainda resta ser mencionado aqui. No texto, as mulheres convidam a audiência a entrar na roda, mas fazem uma ressalva, só aceitam aquelas que forem como elas: bonitas, jovens e apaixonadas. A dança da vida implícita no poema não é então inclusiva e deixa de fora aqueles que não se adaptam às suas exigências. É essa característica que nos faz pensar que a cantiga de amigo de Aires Nunes e o poema de Fernando Pessoa possam ser tomados como duas faces de uma mesma moeda: em meio às árvores, mulheres cantam e dançam; acabada a festa, sozinho, sob as áleas, um eu lamenta ter sido deixado de fora.

Por estranho que possa parecer, parece ter sido justamente algo como isso que Pessoa tinha em mente ao falar sobre uma festa que se acabou no poema que analisamos aqui. Como foi dito, a poesia ortonímica trabalha repetidamente com os mesmos temas, que aparecem ora em um contexto, ora em outro, de modo a criar uma rede de relações que aproxima coisas aparentemente distantes. Assim, o parque deserto pode ser lido como uma referência ao vazio do próprio eu e a música como uma evocação do mundo de sonho com o qual tantas vezes aparece relacionada. A festa que se acabou e que foi presenciada pelo eu também ecoa em outros significados que valem à pena serem mencionados. Até então, através do cotejamento do poema de Pessoa com a cantiga de amigo de Aires Nunes, de Santiago, tentamos relacionar essa festa com o ciclo da vida, com o feminino e com o mágico. Em *Poesia 1918-1930*, encontramos outros trechos que vêm apoiar tal ligação. Na página 226, fala-se, por exemplo, de uma música que surge em meio ao arvoredo, dando a entender que haja algo de mágico ou onírico na mesma:

> Súbita área leve
> Do fundo do arvoredo
> Diz-me não sei que breve
> E ansiado segredo (p. 226)

No que diz respeito à dança, podemos pensar em associações que vão ainda além. Entre as páginas 276 e 278, temos um grande poema que descreve uma cena de dança, na qual seres mágicos – gnomos, fadas? – fazem ao luar uma coreografia que evoca ao eu-lírico sonhos e esperanças não nomeadas. E em um dos últimos poemas do livro, "Infância", fadas, que só se mostram aos infelizes, são entrevistas pelo eu em uma clareira a dançar.

A cena lembra o paraíso, e o estranho que observa deseja imediatamente nela se imiscuir. As fadas, entretanto, pertencem a um mundo claramente mágico e penetrar nele significa a morte, mas o observador parece não se preocupar com isso, está disposto a pagar com a vida, que para ele parece não ter muito valor, pela companhia das fadas. Ao final, o poeta revela que tudo isso é uma fantasia, mas expressa o desejo de reencontrar o luar e as fadas quando morrer e for enterrado em áleas afastadas. Tal é o número de coincidências entre essa situação e a do eu deixado sozinho em nosso poema inicial, que não podemos deixar de pensar que elas se referem a um mesmo tipo de situação. Assim segue o poema "Infância":

Infância

Num grande espaço, onde é clareira, vão
Bailando as fadas e há luar ali.
Se quem olha é feliz, não vê senão
Uma sombra no chão, que é a de si.

Mas se quem olha não conhece nada
E deixa a vida ser o que ela é,
Seus olhos vêem claro cada fada
E cada fada é que merece fé.

Assim ao bosque solitário, e cheio
De cousas que a quem vive são não-ser,
Levei o meu cansaço e o meu enleio,
E, porque não sou nada, pude ver.

Assisti, distraído de ser eu,
Ao bailado das fadas entre si,
E não conheço história de haver céu
Igual à dança anónima que vi.

Com que grande vontade do desejo
Eu dera a alma inteira só por ter
Um momento a floresta e o ensejo
E as fadas todas para conhecer.

Criança contra os Deuses, minha sorte
Acabaria ali, dançando ao luar,
E era melhor do que ter vida e morte,
E uma alma imortal com que contar.

Mas tudo isto é sonho, ainda que não.
Fadas, se existem, são de pouca dura.
Só a maçada de Deus tem duração,
Só a Realidade não tem cura.

Quero o luar, quero o luar e as fadas!
Quero não ter nem deuses nem deveres!

> Matem-me ao luar, em áleas afastadas!
> Corpo e alma enterrem-me entre malmequeres!
> (p. 430)

Resumindo nossa pequena análise, podemos dizer que, inicialmente temos um eu sozinho em um parque, no qual teve lugar uma festa da qual ele foi deixado de fora, lamentando sua situação. O parque, como foi dito, é uma representação do vazio interior desse sujeito. A festa que ocorreu pode até ter sido um evento prosaico, mas evoca, como tentamos mostrar, um mundo de sonho no qual dançam seres mágicos aos quais não podemos nos misturar. Seu balé é dança da vida, aquele giro imemorial que governa o destino dos homens, mas é também algo muito próximo da realidade do eu: o seu mundo interno de sonhos, para o qual é transportado sempre que ouve uma música vinda de longe[18]. Esse mundo interno de sonho e música, como tentamos mostrar anteriormente, pode ser identificado, entre outras coisas, com a própria poesia.

## 4.4 O que é um autor?

Até então, viemos trabalhando com a ideia de que o ortônimo pode ser entendido como uma representação do eu na obra. Partimos, na introdução, da imagem de um quadro "O nascimento da Virgem" – obra que acreditamos captar o espírito da representação ortonímica na obra de Fernando Pessoa. Como o leitor deve se lembrar, o quadro de Zurbarán retrata, em meio a personagens mítico-religiosas, uma figura contemporânea ao momento de realização da pintura, justamente a doadora da obra. Essa mulher, pintada em um estilo diferente das demais, apesar de fazer parte da cena que dá título à obra, integra-se mal dentro dela. Está no canto do quadro e seu olhar se dirige para

---

18. Curiosamente, Pessoa tem mais de um poema em que compara o seu próprio interior a uma roda. No mais conhecido deles, "Autopsicografia", o coração do poeta é comparado a um comboio de corda que gira nas calhas de roda a entreter a razão (Pessoa, 2006: 45). Também em um texto da página 139 de *Poesia 1918-1930*, o coração é uma roda quebrada.

fora dele, como se quisesse nos dizer algo importante. A cena, como tantas outras da pintura Barroco-Maneirista, algumas das quais retratam, por exemplo, o pintor dentro da obra, cria uma situação irônica em que o reconhecimento do caráter da arte como representação se dá pela explicitação dos seus limites estéticos. O espectador, ao reconhecer em um quadro de época – ou, melhor ainda, fora de época, pois a representação do evento religioso não coincide necessariamente com a data na qual supostamente deveria ter acontecido, mas com um tempo não histórico, mítico – um ser parecido consigo mesmo, que observa a cena da mesma maneira que ele-mesmo o faz é jogado em um movimento de *mis-en-abîme*, no qual não só a representação, mas uma forma específica de pensamento, aquele que se apoia na mimese e nas analogias entre as coisas do mundo, é questionado.

Pensamos que a figura do ortônimo dentro da obra de Pessoa exerça um papel muito semelhante ao da doadora representada no quadro de Zurbarán. Na obra de Pessoa, temos o delineamento de um drama, um romance ou um quadro[19] no qual seres fora do tempo convivem com um eu contemporâneo. Mais ainda, a representação desse eu, como a da mulher do quadro, baseia-se em uma pessoa que de fato existe, o próprio autor. Não estamos, com isso, querendo minimizar o caráter ficcional da doadora pintada ou do Pessoa-ortônimo, mas simplesmente ressaltar que eles pertencem a um registro diferente daquele compartilhado pelos seus colegas.

Entre os críticos, o ortônimo já sofreu diferentes tratamentos e teve muitas interpretações. Hoje, a maioria deles concorda que essa figura é tão ficcional quanto os demais heterônimos, chegando mesmo a se confundir com eles[20]. Não questionamos a primeira parte dessa afir-

---

19. Todas essas expressões já foram utilizadas para se referirem ao fenômeno da heteronímia. Alguns exemplos desses usos chegaram inclusive a serem mencionados aqui. Lembremos rapidamente deles. José Augusto Seabra, inspirado em colocações do próprio Pessoa, compara a heteronímia a um drama, já Fernando Cabral Martins prefere aproximar o fenômeno a um romance, e nós mesmos, na introdução do presente livro, usamos um quadro como modelo comparativo para essa mesma estrutura.
20. Essa é a opinião expressa no verbete "Ortónimo" do *Dicionário de Fernando Pessoa e do Modernismo Português*. Sendo essa uma obra de referência, cremos

mação, mas acreditamos que o ortônimo tem um estatuto único, muito distinto daquele compartilhado pelos demais heterônimos. Acreditamos que foi intenção de Pessoa colocar essas duas representações diferentes juntas e que, ao fazer isso, sua intenção era refletir, como nas obras do Barroco e do Maneirismo, sobre as potencialidades e os limites da representação artística.

Nossa revisão crítica procurou contemplar os estudiosos que, de alguma maneira, tocam no caráter ambíguo da representação ortonímica. Procurou ainda se deter em explicações mais gerais sobre o quadro da heteronímia, buscando elementos que guiassem nossa busca em meio a um fenômeno tão complexo. Nesse contexto, o crítico que mais nos ajudou foi Eduardo Lourenço. Segundo ele, Pessoa é um autor que sofre, como muitos, com a consciência moderna. Ele desejaria acreditar, como alguns dos criadores do passado, que a poesia, como forma de linguagem privilegiada, é capaz de representar o eu em todas as suas contradições. Por meio dos heterônimos, Pessoa procurava criar obras ideais, nas quais a ligação entre palavra e pensamento pudesse subsistir. Para Lourenço, Alberto Caeiro, Ricardo Reis e Álvaro de Campos são representações estilísticas diferentes dentro das quais se procura uma sinceridade perfeita, inspirada respectivamente pelos ideais gregos, romanos e modernos.

Nossa análise de dados dividiu-se em duas partes. A primeira delas correspondeu ao segundo capítulo e procurou contemplar a representação ortonímica na prosa de Pessoa. Por prosa, entendemos tanto documentos pessoais do autor, como cartas e depoimentos, quanto os textos basilares da ficção heteronímica, como as "Notas para recordação de meu mestre Caeiro" e as cartas de Campos e o prefácio do *Livro do desassossego*. Através do cotejamento entre esses dois aspectos da obra de Pessoa, descobrimos uma possível ligação entre elas. Em ambos, a figura identificada como Fernando Pessoa assume uma mesma identidade – a de um eu coadjuvante aos heterônimos. Baseando-nos nessa ligação, e no exemplo fornecido por diferentes narrativas contempo-

---

ser justo afirmar que ela corresponde, em termos gerais, ao que atualmente se pensa sobre Fernando Pessoa.

râneas, propusemos que a prosa de Pessoa possa ser entendida, apesar de suas variações, como uma única grande obra, na qual o personagem do ortônimo ora se aproxima do autor, ora se afasta dele, explicitando seu caráter ficcional.

A segunda parte de nossa análise de dados procurou contemplar as diferenças de representação usadas na poesia heterônima e na poesia ortônima. Sendo que o terceiro capítulo foi dedicado aos primeiros, e o quarto, ao último. Inspirados pelas proposições de Eduardo Lourenço que, como explicamos anteriormente, vê em Caeiro, Campos e Reis figurações de diferentes sinceridades poéticas, procuramos delimitar, partindo de uma breve análise da poesia dos três, qual é a proposta poética de cada um deles. Vimos que tais propostas, apesar de nem sempre cumpridas, como já indicava Lourenço, apontam para ideais estéticos idealizados.

No quarto capítulo, correspondente à última parte de nossa análise de dados, voltamo-nos sobre a poesia ortônima. Tentamos mostrar como essa parte da produção pessoana gira em torno de temas semelhantes, que, somados, criam um vocabulário próprio. Dentro dele, os termos *música* e *sonho*, como metáforas que apontam para a própria poesia, têm grande importância. Através da análise de um poema específico, buscamos traçar um quadro que julgamos retratar a situação do ortônimo na obra: a de um eu isolado da roda da vida, que povoa de poesia a própria solidão. Solidão essa que tem tudo a ver com as colocações de Lourenço: o sujeito, representado na poesia de Pessoa, não está somente isolado da sociedade, mas já não tem mais capacidade de dar sentido à própria experiência. Na poesia, por um momento, a sensação de desconexão entre eu e mundo é obliterada. Acabado o sonho, entretanto, o eu volta para o lugar onde estava, mais abandonado e sozinho do que antes.

Esses momentos de sonho que identificamos com a poesia podem corresponder, entre outras coisas, à infância, ao tempo passado e à música. Entretanto, defendemos a tese, e aí nos baseamos na continuidade entre autor e Fernando Pessoa personagem, estabelecida no primeiro capítulo, de que ela pode fazer referência aos próprios heterônimos. Como tentamos mostrar, eles são tipos ideais, seres de sonho, sendo que o próprio Pessoa chega a se utilizar de comparações que tem por base o âmbito musical, campo privilegiado na evocação de uma realidade outra, dentro da poesia ortônima, para falar deles:

> Esta tendência [a de criar personalidades fictícias sob quem escreve], que me vem desde que me lembro de ser um eu, tem-me acompanhado sempre, mudando um pouco o *tipo de música com que me encanta*, mas não alterando nunca a sua maneira de encantar. (Pessoa, 1999: 341, grifos nossos)

Para nós, o balé de fadas é dança da literatura dentro da qual o poeta só consegue conviver fictícia e temporariamente. Na obra de Pessoa, esses sonhos são os três heterônimos, propostas impossíveis, seres de fantasia com os quais Pessoa pretende conviver por meio de seu duplo, o ortônimo ou ainda o Pessoa-personagem da prosa, que identificamos como uma única figura. Acabada a festa, entretanto, esse eu volta a estar sozinho e é dessa solidão que a poesia ortonímica procura dar conta.

Se Pessoa é, como concebeu Lourenço, um típico autor moderno, a literatura, como concebida por ele, gostaria justamente de ser um espaço livre das contradições dessa época. Os heterônimos talvez ocupem o lugar desse desejo impossível, já o ortônimo (que também é o Pessoa-personagem) assume um papel ambíguo em relação a esse espaço: se por um lado se integra a ele, enquanto ser ficcional, também dá testemunho de seu não pertencimento a uma realidade que não é a sua, mas a do seu desejo. Assim, dentro e fora, participante e testemunha, ele compartilha conosco suas conclusões ou, melhor ainda, seu espanto, o de um autor perdido em meio a uma literatura que tem vida própria e que gira ao seu redor em uma dança na qual ele não tem mais capacidade (terá tido um dia?) de participar.

# O LEGADO PESSOA

Como tentamos mostrar, Fernando Pessoa inseriu um duplo ficcional de si mesmo dentro de sua obra. O ortônimo ou a figura que chamamos Fernando Pessoa personagem são as duas faces desse mesmo ser, ambos compartilham certas características com seu autor e podem, a nosso ver, ser entendidas como uma figuração do mesmo dentro da obra. Acreditamos que esse caráter duplo da figura Fernando Pessoa é justamente aquilo que permite que ela seja tão passível de apropriação literária por parte de terceiros. Fernando Pessoa se legitimou em sua obra não só como autor, mas também como personagem e enquanto tal aparece em outras obras literárias fazendo coisas nem sempre inspiradas por seu eu civil, histórico. Cremos que obras como essas seriam as continuadoras lógicas do trabalho de Pessoa, como concebido no presente ensaio, e é sobre algumas delas que gostaríamos de falar aqui à guisa de conclusão.

Como obra poética que se faz como ficção, que solicita de seus leitores, para uma adequada compreensão das forças literárias em jogo, uma espécie de pacto ficcional, é natural que o trabalho de Fernando Pessoa suscite muitas leituras apoiadas nessa potência transfiguradora de seu texto, que parece colocar em suspenso (talvez a característica fundamental da obra de ficção) tudo o que toca. Hoje, no panorama da literatura contemporânea (aquela produzida a partir dos anos de 1980) existem disponíveis no mercado quantidades significativas de obras – narrativas, poesias, peças de teatro e até páginas de *blog* – que têm o poeta como um personagem. *O ano da morte de Ricardo Reis*, de José Saramago, e *Os três últimos dias de Fernando Pessoa*, de Antonio Tabucchi, são os dois mais exemplos mais óbvios. Mas o autor de *Mensagem* aparece também em *Não há nada lá*, narrativa experimental do escritor mato-grossense Joca Reiners Terron, e em *Lisboaleipzig* (volumes 1 e 2), romance de Maria Gabriela Llansol, na peça teatral *O fingidor* de Samir Yazbek e em muitos outros. De todos esses trabalhos, selecionamos dois exemplos para nos determos com mais calma. Em ambos, a obra de Pessoa é apropriada não só de maneira particularmente interessante, mas também crítica. Estamos falando de *O ano da morte de Ricardo Reis*, de José Saramago e de *Lisboaleipzig 1: o encontro inesperado com o diverso*, de Maria Gabriela Llansol.

Em *O ano da morte de Ricardo Reis* (1984), José Saramago, ganhador do Premio Nobel de Literatura de 1998, narra o que acontece com esse heterônimo depois da morte de seu criador, em outubro de 1935. Nessa data, Reis, que havia passado grande parte de sua vida em um exílio voluntário no Brasil, retorna a Portugal. Durante os meses seguintes, ele sofre com as injustiças do regime salazarista e se envolve com duas mulheres muito diferentes. Tem um relacionamento carnal com Lídia, criada do hotel onde se hospeda logo que volta à pátria, e um amor platônico por Marcenda, para quem escreve a belíssima Ode XVIII:

> Saudoso já deste verão que vejo,
> Lágrimas para as flores dele emprego
> Na lembrança invertida
> De quando hei de perdê-las.
> Transpostos os portais irreparáveis
> De cada ano, me antecipo a sombra
> Em que hei de errar, sem flores,
> No abismo rumoroso.
> E olho a rosa porque a sorte manda.
> Marcenda, guardo-a; murche-se comigo
> Antes que com a curva
> Diurna da ampla terra.
> (Pessoa, 2000: 24)

Esse poema, que pode ser entendido como um mote do livro, fala justamente da finitude e do poder da poesia de preservar o que é belo para além da morte dos seres humanos, quer eles sejam ficções, como Reis, ou não.

Nosso interesse pela história se dá por conta de um personagem secundário, o fantasma de Fernando Pessoa. O poeta está morto, mas, como ele explica, terá, durante os nove meses seguintes, a possibilidade de conviver com os vivos e o usará para fazer aparições em momentos chave da trajetória de Reis. O tempo é determinado pela lógica do equilíbrio:

> [...] nove meses, tantos quanto os que andamos na barriga das nossas mães, acho que é por uma questão de equilíbrio, antes de nascermos ainda não nos podem ver mas todos os dias pensam em nós, depois de morrermos deixam de poder ver-nos e todos os dias nos vão esquecendo um pouco, salvo casos excepcionais nove meses é quando basta para o total olvido [...] (Saramago, 1988: 80)

Esse é o mesmo tempo que dura toda a narrativa. Quando parte Fernando Pessoa, Reis decide acompanhá-lo, depois de chegar à conclusão que sua realidade é incompatível com a do mundo em que vive.

Grande parte da produção de José Saramago parte de episódios específicos para refletir a respeito de questões maiores como a história, a ficção e a cultura portuguesa. É o que acontece, por exemplo, nos livros *Memorial do convento* (1982) ou em *História do cerco de Lisboa* (1989). De uma maneira um pouco diferente, também é o que acontece aqui. Ironicamente centrando-se em um protagonista particularmente afastado das preocupações político-sociais, *O ano da morte de Ricardo Reis* procura repensar a herança pessoana no contexto de repressão e censura vivido por Portugal na década de 1930. Saramago faz, nesse sentido, uma inversão interessante, na medida em que atribui a Reis o papel de ser empírico, enquanto Fernando Pessoa ocupa o lugar de aparição fantasmagórica. Pouco lido e editado nessa época, Pessoa era de fato um ser mais presente no imaginário do que na realidade de seus contemporâneos. O jogo da heteronímia parece solicitar, entre outras coisas, uma crítica ficcional e é justamente isso o que Pessoa não encontrou entre os seus contemporâneos[21], mas que encontra agora em Saramago.

Acreditamos que o fato de Pessoa ser apresentado também como um personagem dentro de sua própria obra (tal como pretendemos demonstrar nos capítulos que compõem este livro) é fator determinante para que ele, o autor (aqui, mais do que nunca, uma metonímia de toda a complexidade da obra) seja tão facilmente apropriável por outros autores. É como se suas escolhas técnicas e temáticas exigissem uma resposta de seus leitores (e Saramago e Llansol são dois leitores-críticos de enorme capacidade) um suplemento, um desenvolvimento das propostas ficcionais lançadas pelo próprio texto pessoano.

No caso de *O ano da morte de Ricardo Reis*, o caráter ao mesmo tempo lúdico e transgressor do jogo heteronímico é a herança que Saramago requer para si. Tal aspecto da obra de Pessoa é materializado no texto pela figura do próprio Ricardo Reis. Segundo Adriano Schwartz, em *O abismo invertido*, o protagonista, sendo originalmente uma figura de poesia não tem muito lugar em um gênero como o romance e, no início do texto, de fato ele demonstra estar aquém dos acontecimentos. Reis ganha dinamicidade crescente como personagem e ao final surpreende não só seu criador, Fernando Pessoa, mas também Saramago, como narrador da história.

Maria Gabriela Llansol faz, por sua vez, um trabalho muito diferente desse, mas no qual preserva o mesmo élan criativo. Em *Lisboaleipzig 1: o encontro inesperado com o diverso*, ela propõe uma releitura radical do personagem Fernando Pessoa, reapresentando-o enquanto uma figura dúbia, mistura de homem, pássaro e mulher. Aossê[22] forma, no livro, um par com ninguém menos do que o compositor alemão do século XVII Johann Sebastian Bach. Dessa união inesperada entre um cidadão

---

21. Remeto o leitor ao segundo capítulo deste livro, quando discutimos os desencontros entre Pessoa e o grupo da revista *Presença* no que diz respeito à heteronímia enquanto jogo poético-literário que não se limita às margens do papel escrito.
22. O termo tem origem em Aossep, que é uma simples inversão do nome "Pessoa". Na abreviação elaborada por Llansol, o p final foi anulado, mas substituído foneticamente pela acentuação tônica.

de Lisboa e outro de Leipzig, de tempos diversos, advém o título do livro. O encontro entre os dois assume um caráter claramente amoroso:

> [...] o tremor de amor que atinge Bach – Johann quando tem a cabeça de Aossê sobre os joelhos e sabe que um falcão, nascido em cativeiro, ou, na melhor das hipóteses, capturado no ninho, vai estender-se a partir dele; fica longos momentos a alisar-lhe as penas vagas, que são sentimentos que se encontram em certos delírios amorosos, e depois transmitem uma imagem do amado, à distância [...]" (Llansol, 1991: 39)

Mas, em um livro em que tudo é dúbio e movediço, isso não chega a ser estranho, e, ao identificar Pessoa a uma mulher, Llansol ilumina certos aspectos femininos de sua obra. E de fato, o fechamento em si, a recorrência dos mesmos temas e a ânsia de evasão que caracterizam a poesia de Pessoa são elementos associáveis aos universos fechados nos quais tradicionalmente habitam as mulheres. A aproximação de Pessoa a um falcão cativo também serve ao caráter crítico interpretativo desse livro. A comparação dá conta, ao mesmo tempo, da estreiteza do mundo habitado por Pessoa e de sua ânsia por libertar-se dele, elementos esses que, como o leitor deve estar lembrado, pudemos identificar em abundância na obra do poeta.

Como Saramago, Llansol também se preocupa com questões teóricas mais abrangentes em seus livros. No seu caso, a herança europeia, personalizada na obra por meio de figuras de inspiração histórico-literárias, é uma das grandes preocupações. Ao colocar Pessoa entre elas, a autora não quer somente canonizá-lo, mas dar a ele um lugar específico no panteão europeu. Esse lugar, que já se intui em *Lisboaleipzig 1*, será explicitamente nomeado em *Um falcão no punho*, diário que autora manteve na época da redação desse volume e que mais tarde também veio a ser publicado em forma de livro. Ali, Aossê vai ser identificado também ao impulso criativo e libertador que guia a todos os escritores: ele é o falcão que ensina a voar.

O trabalho de Llansol com Pessoa continua em *Lisboaleipzig 2: o ensaio de música*, e transborda para outras obras da autora. É aqui, entretanto, que as bases da recriação radical da figura do poeta de *Mensagem* têm lugar. Dela podemos dizer que, mais até do que em *O ano da morte de Ricardo Reis* ou outras obras que têm Pessoa como personagem, é aqui que o *ethos* da obra pessoana se encontra mais radicalmente traduzido. O poeta não é mais um simples personagem, ele não é apenas a projeção, mais ou menos deslocada, de um sujeito civil, ele é em *Lisboaleipzig* apenas literatura, pura textualidade. Seu eu se dispersou, perdeu-se em meio aos seus textos, seus afetos, transformou-se numa figura ao mesmo tempo esvaziada de substância e plena de outros seres. Llansol localiza nele uma mulher, Aossê, mas poderia ser, como sua própria obra indica, diversas outras pessoas – humanas ou não. É justamente esse o legado de Pessoa que gostaríamos de preservar aqui.

# BIBLIOGRAFIA

## Do autor

PESSOA, Fernando. *Cadernos*. Tomo I. v. XI. Apresentação e edição de Jerónimo Pizarro. Lisboa: Imprensa Nacional – Casa da Moeda, 2009.

PESSOA, Fernando. *Cartas de Fernando Pessoa a João Gaspar Simões*. Introdução, apêndice de notas de João Gaspar Simões. Lisboa: Publicações Europa-América, 1957.

PESSOA, Fernando. *Correspondência (1905-1922)*. Organização Manuela Parreira da Silva. São Paulo: Cia das Letras, 1999.

PESSOA, Fernando. *Correspondência (1923-1935)*. Organização Manuela Parreira da Silva. Lisboa: Assírio & Alvim, 1999.

PESSOA, Fernando. *Correspondência inédita*. Organização Manuela Parreira da Silva. Lisboa: Livros Horizonte, 1996.

PESSOA, Fernando. *Crítica*: ensaios, artigos e entrevistas. Edição Fernando Cabral Martins. Assírio & Alvim, 1999.

PESSOA, Fernando; CROWLEY, Aleister. *Encontro Magico*, seguido de A boca do Inferno (novela policiaria). Lisboa: Assírio e Alvim, 2010.

PESSOA, Fernando. *Escritos autobiográficos, automáticos e de reflexão pessoal*. Edição e prefácio Richard Zenith. Lisboa: Assírio & Alvim, 2003.

PESSOA, Fernando. *Ficções do interlúdio*. Organização de Fernando Cabral Martins. São Paulo: Companhia das Letras, 1998.

PESSOA, Fernando. "Prefácio". In *Livro do desassossego*: composto por Bernardo Soares, ajudante de guarda-livros na cidade de Lisboa. Organização Richard Zenith. São Paulo: Companhia das Letras, 2006.

PESSOA, Fernando. *Poesia, 1902-1917*. Edição Manuela Parreira da Silva, Ana Freitas e Madalena Dini. São Paulo: Companhia das Letras, 2006.

PESSOA, Fernando. *Poesia, 1918-1930*. Edição Manuela Parreira da Silva, Ana Freitas e Madalena Dini. São Paulo: Companhia das Letras, 2007.

PESSOA, Fernando. *Poesia, 1931- 1935 e não datada*. Edição Manuela Parreira da Silva, Ana Freitas e Madalena Dini. Lisboa: Assírio e Alvim, 2006.

PESSOA, Fernando. *Poesia,* Alberto Caeiro. 2ª Ed.Organização Manuela Parreira da Silva. São Paulo: Cia das Letras, 2000.

PESSOA, Fernando. *Poesia,* Álvaro de Campos. Edição Tereza Rita Lopes. São Paulo: Cia das Letras, 2002.

PESSOA, Fernando. *Poesia,* Ricardo Reis. Edição Fernando Cabral Martins e Richard Zenith. São Paulo: Cia das Letras, 2001.

PESSOA, Fernando. *Obras em prosa*. Organização, introdução e notas de Cleonice Berardinelli. Rio de Janeiro: Nova Aguilar, 2005.

PESSOA, Fernando. *Obra poética*. Organização, introdução e notas de Maria Aliete Galhoz. Rio de Janeiro: Nova Aguilar, 2005.

PESSOA, Fernando. *Páginas íntimas e de auto-interpretação*. Textos estabelecidos e prefaciados por Georg Rudolf Lind e Jacinto do Prado Coelho. Lisboa: Ática, 1966.

Sobre Fernando Pessoa e sua obra

BLANCO, José. *Fernando Pessoa: esboço de uma bibliografia*. Lisboa: Imprensa Nacional- Casa da Moeda, 1983.

BERARDINELLI, Cleonice. *Fernando Pessoa: outra vez te revejo...* Rio de Janeiro: Lacerda Editores, 2004.

COELHO, Jacinto Prado. *Diversidade e unidade em Fernando Pessoa*. 5ª ed. São Paulo: Edusp; Verbo, 1977.

CASTRO, Ivo. *Editar Pessoa*. Coleção Estudos v I. Lisboa: Imprensa Nacional; Casa da Moeda, 1990.

GARCEZ, Maria Helena. *O tabuleiro antigo*: uma leitura do heterônimo Ricardo Reis. São Paulo: Edusp, 1990.

GIL, José. *Diferença e negação na poesia de Fernando Pessoa*. Lisboa: Relógio d´Água, 1999.

GIL, José. *Fernando Pessoa ou a metafísica das sensações*. Lisboa: Relógio d'Água, s.d. Original francês.

GIL, José. *O devir-eu de Fernando Pessoa*. Lisboa: Relógio d'Água, 2010.

GIL, José. *O espaço interior*. Lisboa: Editorial Presença, 1994.

GUIMARÃES, Fernando. "Heteronímia". In MARTINS, Fernando Cabral (Org.). *Dicionário de Fernando Pessoa e do Modernismo Português*. Alfragide: Caminho, 2008.

HOURCADE, Pierre. "À descoberta de Fernando Pessoa". In *Temas de literatura Portuguesa*. Lisboa: Moraes Editores, 1978, p. 155-169.

LLANSOL, Maria Gabriela. *Um falcão no punho*. 2ª Ed. Lisboa: Relógio d'água, 1998.

LLANSOL, Maria Gabriela. *Lisboaleipzig 1*: o encontro inesperado do diverso. Lisboa: Rolim, 1994.

LLANSOL, Maria Gabriela. *Lisboaleipzig 2*: o ensaio de música. Lisboa: Rolim, 1998.

LOPES, Oscar. *Entre Fialho e Nemésio*: estudos de Literatura Portuguesa Contemporânea. v II. Lisboa: Imprensa Nacional-Casa da Moeda, 1987.

LOPES, Tereza Rita. *Pessoa por conhecer*. Roteiro para uma expedição. Lisboa: Estampa, 1990.

LOURENÇO, Eduardo. *Fernando Pessoa revisitado*. Leitura estruturante do drama em gente. 2ª ed. Lisboa: Moraes Editores, 1981.

LOURENÇO, Eduardo. *Fernando Pessoa, rei da nossa Baviera*. Lisboa: Gradiva, 2008.

LOURENÇO, Eduardo. *Poesia e Metafísica*. Lisboa: Sá da Costa, 1983.

LOURENÇO, Eduardo. *O lugar do anjo* – Ensaios pessoanos. Lisboa: Gradiva, 2004.

MARTINS, Fernando Cabral (Org.). *Dicionário de Fernando Pessoa e do Modernismo Português*. Alfragide: Caminho, 2008.

MONTEIRO, Adolfo Casais. *Estudos sobre a poesia de Fernando Pessoa*. Rio de Janeiro: Agir, 1958.

MONTEIRO, George. "Speech, Song, and Place". In: *Fernando Pessoa and the nineteenth-century anglo-american poetry*. Lexington: Kentucky University Press, 2000, p. 13-40.

MOURÃO-FERREIRA, David. *Cartas de amor de Fernando Pessoa*. 3ª ed. Posfácio e notas de David Mourão-Ferreira. Preâmbulo e estabelecimento do texto de Maria da Graça Queiroz. Lisboa: Ática, 1994.

NUNES, Benedito. Os outros de Fernando Pessoa. In *O dorso do tigre*: ensaios. São Paulo: Perspectiva, 1969.

PAZ, Octávio. *Fernando Pessoa: o desconhecido de si mesmo*. Lisboa: Vega, 1988. Original espanhol.

PERRONE-MOISÉS, Leyla. *Fernando Pessoa*: além do eu, aquém do outro. São Paulo: Martins Fontes, 1982.

PIZARRO, Jerónimo. "Introdução". In PESSOA, Fernando. *Cadernos*. Tomo I. v. XI. Apresentação e edição de Jerónimo Pizarro. Lisboa: 2009, p.7-12.

QUADROS, António. *Fernando Pessoa*: a obra e o homem. v 1, "Vida, personalidade e gênio" . Lisboa: Arcádia, 1981.

QUADROS, António. Fernando Pessoa: a obra e o homem. v 2 "Iniciação global à obra". Lisboa: Arcádia, 1982.

SÁ-CARNEIRO, Mário de. *Cartas a Fernando Pessoa* v.1. Lisboa: Ática, s.d.

SÁ-CARNEIRO, Mário de. *Cartas a Fernando Pessoa* v 2. Lisboa: Ática, 1979.

SACRAMENTO, Mario. *Fernando Pessoa* – Poeta da hora absurda. 2ª Ed. Porto: Editorial Inova, 1970.

SARAIVA, António José; LOPES, Oscar. "Modernismo". In *História da literatura portuguesa*. 4ª ed. Porto: Porto Editora, 1966, p. 1007-1026.

SARAMAGO, José. *O ano da morte de Ricardo Reis*. São Paulo: Companhia das Letras, 2001.

SEABRA, José Augusto. *Fernando Pessoa ou o poetodrama*. Lisboa: Imprensa Nacional- Casa da Moeda, 1988.

SENA, Jorge de. "Fernando Pessoa, o homem que nunca foi". In: *Fernando Pessoa e Cia Heterónima* (Estudos coligidos 1940-1978). 3ª Ed. Lisboa: Edições 70, 2000, p. 347-370.

SILVA, Manuela Parreira da. "Cancioneiro". In: MARTINS, Fernando Cabral (Org.). *Dicionário de Fernando Pessoa e do Modernismo Português*. Alfragide: Caminho, 2008.

SIMÕES, João Gaspar (Org.) *Cartas de Fernando Pessoa a João Gaspar Simões*. Lisboa: Publicações Europa- América, 1957.

SIMÕES, João Gaspar. *Vida e Obra de Fernando Pessoa*. 5 ed. Lisboa: Dom Quixote, 1987.

TABUCCHI, Antonio. *Pessoana mínima*. Lisboa: Imprensa Nacional – Casa da Moeda, [19--].

TABUCCHI, Antonio. *Os três últimos dias de Fernando Pessoa:* um delírio. Rio de Janeiro: Rocco, 1997.

TERRON, Joca Reiners. *Não há nada lá*. São Paulo: Ciência do acidente, 2001.

Aparato crítico

BARTHES, Roland. *Mitologias*. Rio de Janeiro: Difel, 2009. Original francês.

BARTHES, Roland. *Roland Barthes por Roland Barthes*. São Paulo: Estação Liberdade, 2003. Original francês.

BARTHES, Roland. A morte do autor. In ___. *O rumor da língua*. Prefácio Leyla Perrone- Moisés. São Paulo: Brasiliense, 1984, p. 65-70. Original francês.

BERARDINELLI, Alfonso. *Da poesia à prosa*. São Paulo: Cosac Naify, 2007. Original italiano.

COETZEE, J.M. *Infância*. São Paulo: Companhia das Letras, 2010. Original inglês.

COMPAGNON, Antoine. *O demônio da teoria: literatura e senso comum*. Belo Horizonte: Editora UFMG, 1999. Original francês.

CHKLOVSKI, Victor. "A obra de arte como procedimento". In TOLEDO, Dionísio de Oliveira (Org.) *Teoria da literatura:* formalistas russos. Porto Alegre: Editora Globo, 1976.

DE GRÈVE, Marcel; DE GRÈVE, Claude. "Autoficcion". In *Dictionnaire International des Termes Littéraires*. Disponível em <http://www.ditl.info>. Acesso em dezembro de 2007.

DERRIDA, Jacques. *Mal de arquivo*: uma impressão freudiana. Rio de Janeiro: Relume Dumará, 2001. Original francês.

DUARTE, Kelley. "Autoficção". In BERND, Zilá (Org.) *Dicionário das mobilidades culturais*: percursos americanos. Porto Alegre: Literalis, 2010, p. 27-45

FOUCAULT, Michel. *O que é um autor?* 7ª Ed. Prefácio de José A. Bragança de Miranda e Antônio Fernando Cascais. Lisboa: Nova Veja, 2009. Original francês.

FREUD, Sigmund. "O tema dos três escrínios". In *O caso Schereber, artigos sobre técnica e outros trabalhos*. Edição Standard Brasileira das Obras psicológicas Completas de Sigmund Freud. Vol. XII. Rio de Janeiro: Imago, 1988. Original inglês.

FRIEDRICH, Hugo. *Estrutura da lírica moderna*: (da metade do século XIX a meados do século XX). 2.ed. São Paulo: Livraria Duas Cidades, 1991. Original alemão.

GUMBRECHT, Hans U. "Cascatas de modernidade". In: *Modernização dos sentidos*. São Paulo: Editora 34, 1998. Original alemão.

HAMBURGER, Michael. *A verdade da poesia*: tensões na poesia modernista desde Baudelaire. São Paulo: Cosac Naify, 2007. Original inglês

HEGEL, Georg. *Cursos de Estética*. v. I. São Paulo: Edusp, 1999. Original alemão.

HEGEL, Georg. *Cursos de Estética*. v. IV. São Paulo: Edusp, 2004. Original alemão.

HOUAISS, Antônio. *Dicionário eletrônico Huaiss da Língua Portuguesa*. CD-ROM.

LEJEUNE, Phillipe. "O pacto autobiográfico (bis)" In: NORONHA, Jovita Maria (Org.) *O pacto autobiográfico*: de Rousseau à Internet. Belo Horizonte: Editora UFMG, 2008. Original francês.

MOISÉS, Massaud. *Dicionário de termos literários*. São Paulo: s.d

PAZ, Octávio. *Os filhos do barro*: do romantismo à vanguarda. Rio de Janeiro: Nova Fronteira, 1984. Original espanhol.

RABATÉ, Dominique. "Poésie et autobiographie: dún autre caractere?" In: BRAUD, Michel; HUGOTTE, Valéry. *L'irressemblence*: poésie et autobiographie. Bordeaux: Presses Universitaire de Bardeaux, 2007, p. 37-46.

RAYMOND, Marcel. *De Baudelaire ao surrealismo*. São Paulo: Edusp, 1997. Original francês.

REY-DEBOVE, Josette (Org.) *Dictionnaire du français*: référence apprentissage. Paris: CLE International, 1999.

SARTRE, Jean-Paul. *O que é literatura?* São Paulo: Ática, 1993. Original francês.

SEBALD, W.G. *Vertigem*. São Paulo: Companhia das Letras, 2008. Original alemão.

SCHWARTZ, Adriano. *O abismo invertido*: Pessoa, Borges e a inquietude do romance em *O ano da morte de Ricardo Reis*, de José Saramago. São Paulo: Globo, 2004.

SPITZER, Leo. *La enumeración caotica en la poesia moderna*. Buenos Aires: Coni, 1945.

Sites:

Norton Simon Museum: <http://www.nortonsimon.org/>

1ª EDIÇÃO [2013]

Esta obra foi composta em Minion Pro e Din sobre papel
Pólen bold 90 g/m² para a Relicário Edições.